A TEORIA DA DEPENDÊNCIA:
do nacional-desenvolvimentismo
ao neoliberalismo

Claudia Wasserman

A TEORIA DA DEPENDÊNCIA:
do nacional-desenvolvimentismo ao neoliberalismo

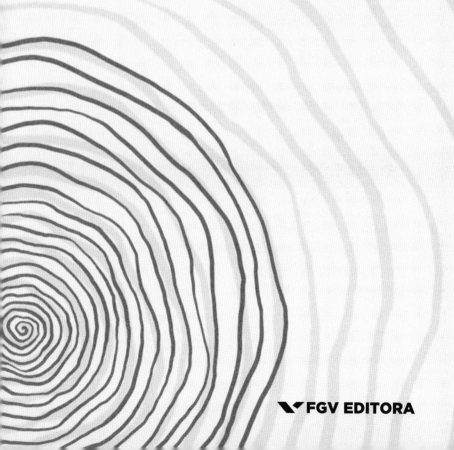

FGV EDITORA

Copyright © 2017 Claudia Wasserman

Direitos desta edição reservados à
EDITORA FGV
Rua Jornalista Orlando Dantas, 37
22231-010 | Rio de Janeiro, RJ | Brasil
Tels.: 0800-021-7777 | 21-3799-4427
Fax: 21-3799-4430
editora@fgv.br | pedidoseditora@fgv.br
www.fgv.br/editora

Impresso no Brasil | *Printed in Brazil*

Todos os direitos reservados. A reprodução não autorizada desta publicação, no todo ou em parte, constitui violação do copyright (Lei nº 9.610/98).

Os conceitos emitidos neste livro são de inteira responsabilidade da autora.

1ª edição: 2017; 1ª reimpressão: 2019; 2ª reimpressão: 2021.

Preparação de originais: Suzana Veríssimo
Projeto gráfico de miolo e diagramação: Mari Taboada
Revisão: Fatima Caroni
Capa: Lucia Kaplan

Ficha catalográfica elaborada pela Biblioteca Biblioteca Mario Henrique Simonsen

---

Wasserman, Claudia
  A teoria da dependência: do nacional-desenvolvimentismo ao neoliberalismo / Claudia Wasserman. – Rio de Janeiro : FGV Editora, 2017.
  236 p.

  Inclui bibliografia.
  ISBN: 978-85-225-2007-7

  1. Intelectuais – Brasil. 2. Direita e esquerda (Ciência política) – Brasil. 3. Dependência. 4. Santos, Theotônio dos, 1937- . 5. Marini, Ruy Mauro, 1932-1997. 6. Bambirra, Vânia, 1940-2015. 7. Frank, André Gunder, 1929-2005. I. Fundação Getulio Vargas. II. Título

CDD – 305.552

LISTA DE SIGLAS

- Ação Libertadora Nacional (ALN);
- Aliança Renovadora Nacional (Arena);
- Banco Mundial (BM);
- Centro Brasileiro de Análise e Planejamento (Cebrap);
- Centro de Estudios Latino-americanos (Cela);
- Centro de Estudios Socioeconómicos (Ceso);
- Comissão Econômica para América Latina (Cepal);
- Conselho Latino-americano de Ciências Sociais (Clacso);
- Companhia Rio-grandense de Artes Gráficas (Corag);
- Consolidação das Leis do Trabalho (CLT);
- Faculdade Latino-Americana de Ciências Sociais (Flacso);
- Fundação de Amparo à Pesquisa do Estado do Rio de Janeiro (Faperj);
- Fundação Escola de Serviço Público do Rio de Janeiro (Fesp);
- Fundo Monetário Internacional (FMI);
- Instituto Latino-americano de Pesquisas e Estudos Sociais (Ilpes);
- Movimento Democrático Brasileiro (MDB);
- Movimento Revolucionário Oito de Outubro (MR-8);
- Movimento dos Trabalhadores Sem Terra (MST);
- Núcleo História Econômica da Dependência Latino-americana (Hedla);
- Partido Comunista Brasileiro (PCB);
- Partido Comunista Brasileiro Revolucionário (PCBR);
- Partido Comunista do Brasil (PCdoB);
- Partido Comunista Revolucionário (PCR);
- Partido Democrata Cristão (PDC);

- Partido Democrático Social (PDS);
- Partido Democrático Trabalhista (PDT);
- Partido do Movimento Democrático Brasileiro (PMDB);
- Partido dos Trabalhadores (PT);
- Partido Social Democrático (PSD);
- Partido Social Progressista (PSP);
- Partido Trabalhista Brasileiro (PTB);
- Serviço Nacional de Informações (SNI);
- Seminário Permanente sobre América Latina (Sepla);
- Tribunal Superior Eleitoral (TSE);
- União Democrática Nacional (UDN);
- União Nacional dos Estudantes (UNE);
- Unidade Popular (UP);
- Universidad Nacional Autónoma de México (Unam);
- Universidade das Nações Unidas (UNU);
- Universidade de Brasília (UnB)

SUMÁRIO

Prefácio: A história como derrota,
por Durval Muniz de Albuquerque Júnior   9

Prólogo   19

**1. OS INTELECTUAIS BRASILEIROS NOS ANOS 1960
E O GRUPO DE BRASÍLIA**   23
O início de um percurso   30
A hegemonia das teorias do desenvolvimento   38
O PCB: entre o desenvolvimento e a *Revolução Brasileira*   52
Academia e militância: a UnB e a Polop na trajetória intelectual   61
Crise do desenvolvimentismo   71

2. AS CONTRIBUIÇÕES TEÓRICAS E O DEBATE POLÍTICO   81
Ditaduras e exílios dos intelectuais latino-americanos   87
A produção intelectual do grupo de Brasília: os elementos do vínculo 101
O capitalismo dependente: teorias para explicar a América Latina   118
Debates sobre os rumos do socialismo   128
Perspectiva latino-americanista   138

**3. OS INTELECTUAIS BRASILEIROS NOS ANOS 1980
E O BRASIL NEOLIBERAL**   147
Retorno do exílio: *aggiornamento* e o ambiente dos anos 1980   150
Universidades, centros de pesquisa, jornais e revistas
no período pós-ditatorial   160
Organizações e partidos políticos na redemocratização   174
A produção intelectual após o retorno do exílio   184
Novas e antigas polêmicas   200

Considerações finais 211
Bibliografia citada 219
Sites de interesse para a pesquisa 229
Documentos utilizados na pesquisa 231
Agradecimentos 235

PREFÁCIO
A HISTÓRIA COMO DERROTA

Este livro é daqueles que chegam no momento preciso. É daqueles livros de história que, mais do que qualquer um, mostra que o diálogo do historiador é com o presente. O livro escrito pela historiadora Claudia Wasserman é daqueles que explicitam que o passado é apenas um pretexto, um pré-texto, a partir do qual o historiador se remete ao seu tempo e o problematiza. No momento em que a esquerda brasileira vive mais um de seus recorrentes momentos de derrota, em que um projeto mais generoso de país e de sociedade se vê derrotado por mais um dos golpes perpetrados pelas classes dominantes brasileiras, fato corriqueiro sempre que, em dadas conjunturas, tiveram minimamente seus privilégios ameaçados, o livro que você tem em mãos, leitor, conta a história de um grupo de pensadores, um grupo de pensadores de esquerda, conhecidos ora como o grupo de Brasília, ora como a esquerda radical da teoria da dependência, ora como neomarxistas, ora como trotskistas, que tiveram suas formulações acerca da sociedade brasileira e das sociedades latino-americanas, suas leituras das particularidades da inserção desses espaços no sistema capitalista, do caráter particular que a luta de classes assumia nesses espaços marcados pela herança colonial, pela escravidão, pela subordinação às metrópoles centrais do capitalismo, do caráter, portanto, específico que assumiria aí o processo de transição para o socialismo, da especificidade da "revolução brasileira" e da "revolução latino-americana", invisibilizadas, silenciadas, excluídas da estrada principal da história do pensamento brasileiro e latino-americano, da história das ideias econômicas e político-sociais do Brasil, não merecendo figurarem entre aqueles intelectuais nomeados de intérpretes do Brasil.

Este livro conta a história de uma derrota, conta a história da trajetória intelectual e política, conta a história do pensamento de um intelectual alemão, que teve importante passagem pelo Brasil, André Gunder Frank, e de três intelectuais do nosso país: Ruy Mauro Marini, Vânia Bambirra e Theotônio dos Santos, que com ele formaram um grupo que, entre os anos 1950 e 1960, tiveram centralidade no debate sobre os rumos que devia tomar a sociedade brasileira, o caráter das transformações que devia sofrer, sobre os agentes que deveriam protagonizar e dirigir essas transformações. Eles ofereceram, nesses anos de militância política e intelectual, em que a vida acadêmica na recém-criada Universidade de Brasília, onde terminaram por se reunir, como estudantes e professores, era inseparável da militância em torno da temática da revolução brasileira, um generoso projeto de transformação para o país, embasado numa análise da realidade brasileira, de suas estruturas econômicas tais como preconizava o marxismo, do qual eram adeptos. O próprio grupo passou a se definir como os formuladores da chamada teoria da dependência, forma de entender a relação entre a formação social brasileira e, posteriormente, as formações sociais latino-americanas e o sistema global capitalista, enfatizando sua inserção dependente e questionando outras visões acerca da realidade do país, como a leitura que destacava a presença de restos feudais ou sobrevivências coloniais e escravistas; a visão liberal, com sua ênfase na ideia de desenvolvimento e progresso a partir do reforço da inserção do país no sistema global, com a atração de inversões estrangeiras; o nacional-desenvolvimentismo e sua crença na possibilidade da criação de uma via própria de desenvolvimento para os países periféricos no interior do capitalismo, às custas da intervenção estatal na economia e da exploração do mercado interno; a crítica às teses que defendiam a superação de uma pretensa estagnação da economia nacional, que partiam da ideia de que toda formação social deveria passar pelos mesmos estágios de desenvolvimento econômico, e, nesse processo, uns podiam se retardar, se atrasar, estagnar. No entanto, essas ideias que participaram intensamente do debate sobre o país no período anterior e imediatamente subsequente ao golpe de 1964, que ganharam circulação e audiência em toda a América Latina e no mundo, quando são obrigados a deixar o país e partem para o exílio no Chile, no México e/ou na Europa, deixam de circular e vão sendo esquecidas, principalmente depois da chamada abertura política, quando, mesmo retornando ao Brasil, terão uma enorme dificuldade de reinserção na vida universitária e acadêmica e no debate nacional.

A história da derrota que se conta aqui é uma história de silenciamento e esquecimento, uma história que aborda os enfrentamentos no campo intelectual e político e torna explícito como os saberes são inseparáveis de relações de poder, como um dado grupo de pensadores teve sua produção deslegitimada, desqualificada, a ponto de seus livros pouco circularem ou serem conhecidos, à medida que seus opositores venceram a disputa no plano das ideias, entre outros motivos, por ocuparem destacadas posições de poder, tanto no interior do campo cultural e acadêmico quanto no plano político. A própria paternidade ou maternidade da teoria da dependência lhes foi arrebatada e atribuída a um de seus opositores, poderoso e vencedor, na universidade e na política, Fernando Henrique Cardoso, na companhia de Enzo Faletto. Ao retornarem ao Brasil, Fernando Henrique Cardoso, já ocupando importantes posições de poder, ao lado de José Serra, a dupla inseparável, escrevem um texto para alertar do perigo das ideias que propagavam e para afirmar a necessidade de que elas fossem trancadas a chave para que não influenciassem indevidamente a juventude. O teórico da dependência que se tornou presidente da República e aderiu completamente às teses neoliberais via, nos seus antigos companheiros dependentistas, um perigo para as criancinhas.

A palavra derrota vem do latim *dirupta*, variação de *rupta*, rota, quebrada, guião, itinerário, caminho. A *rupta* era inicialmente a linha de combate, a formação das tropas na hora da batalha. *Disrupta*, que virá a produzir a palavra *rumpere*, e através do francês *déroute*, a palavra portuguesa derrota, se referia ao momento em que, numa batalha, a formação das tropas se rompia, se quebrava, quando as tropas eram desbaratadas, dispersas, quando elas entravam numa rota de fuga, quando sua organização era destroçada. A palavra derrota, na língua portuguesa, guarda ainda sentidos semelhantes, além do mais conhecido deles: o de uma perda, do ser levado de vencida numa disputa, revés, sucesso funesto, mau êxito. Derrota é também rota, notadamente marítima, caminho a percorrer por um barco, percurso dos astros no firmamento, roteiro. Ser derrotado, portanto, pode significar perder a rota, perder o rumo, sair do caminho, sair do percurso. Levar alguém à derrota é retirá-lo do caminho, fazê-lo perder o rumo, jogá-lo para escanteio, modificar-lhe o percurso, alterar-lhe o roteiro. Creio que o que ocorreu com os quatro pensadores, a quem generosamente Claudia Wasserman pretende resgatar, embora historiador não resgate nada, pois não consegue trazer nada de volta, apenas consegue atribuir novos sentidos ao que passou, foi, em vários sentidos, uma derrota. Eles sofreram a primeira derrota em 1964, junto com toda a esquerda brasileira, que mais uma vez, dividida em vários grupos e posições que se digladiavam entre si, menosprezaram a presença e o poder da direita no país. Embalados por suas utopias revolucionárias, superestimaram a capacidade e a disposição revolucionária ou de resistência a um golpe por parte das classes trabalhadoras e das camadas populares. Pensando a democracia como um artifício tático para acumular forças visando a revolução, puseram em risco os próprios valores democráticos. Subestimaram a capacidade de articulação e de ação das classes dominantes brasileiras. Embora tivessem alertado para o perigo de uma aliança de classes, questionando a existência de uma burguesia nacional disposta a aliar-se às forças populares contra o imperialismo e o latifúndio, seu aliado interno, terminaram por ser obrigados a deixar o país, levados ao exílio. Mudança inesperada de rumos, trajetórias acadêmicas interrompidas, desvio de caminhos. A vida vivida como um roteiro cheio de surpresas e reveses.

O livro *A teoria da dependência: do nacional-desenvolvimentismo ao neoliberalismo* conta muito mais do que um capítulo da história do pensamento econômico brasileiro e latino-americano, como o título faz crer. Ele trata da trajetória de quatro intelectuais, ele faz a história de um grupo intelectual, mas também faz a história de vidas que cresceram e aprenderam na derrota. Embora o livro tenha um certo ar de melancolia, talvez pelo momento em que foi escrito e finalizado, embora haja, em alguns momentos, certa lamentação por dadas perdas, que parecem não ter sido apenas dos personagens tratados, mas da própria autora do livro, mostrando que os historiadores terminam falando de si mesmos, de seus sentimentos, de suas emoções, mesmo quando pretendem fazer do ofício uma tarefa meramente racionalizante, ele não deixa de ser um testemunho de que se pode aprender com as derrotas, que se pode ganhar com as perdas, que o exílio pode, afinal, proporcionar o que de melhor uma vida viveu e produziu. Nem sempre o sair da rota, o perder o rumo, o abandonar um caminho, nem sempre a viagem, a nomadização é negativa. Creio que o livro de Claudia nos deixa ver como foi no exterior, em terras estrangeiras, que esses intelectuais, esquecidos e marginalizados no seu próprio país, encontraram a solidariedade dos companheiros de profissão e de crença política, foi nas universidades de outros países que encontraram o melhor ambiente para o desenvolvimento de suas pesquisas e para a produção de seus textos, foi no exterior que suas obras tiveram acolhida e se tornaram influentes. Nem sempre o retorno, a volta, a retomada do caminho, da rota, do rumo, do percurso deixado significa uma vitória. Os quatro intelectuais aqui tratados, notadamente os três brasileiros sofreram uma segunda, e talvez mais dolorida derrota, ao retornar ao país, nos anos 1980, com a anistia e o chamado processo de abertura política. Suas ideias não mais encontraram ressonância, atacadas por todos os lados, mesmo a inserção no mundo acadêmico e político não foi como esperavam. Há vários condicionantes históricos para essa segunda derrota (e, se estivessem vivos, estariam amargando a terceira derrota) que são muito bem tratados pela autora, que parece partilhar do sofrimento que certas mudanças históricas trouxeram para seus personagens. Há, no texto, uma certa melancolia pela perda das ilusões trazidas pela modernidade, um certo inconformismo com a derrota dos modernos com suas metanarrativas a prometer o progresso e o desenvolvimento constantes, a civilização crescente dos costumes, a racionalização do mundo, a conquista da liberdade, da igualdade, da fraternidade. Não precisa que sejamos pós-estruturalistas, pós-modernos ou coisa que o valha para sabermos que as promessas da modernidade não se cumpriram, assim como as promessas do racionalismo, do cientificismo, do historicismo, do realismo, do humanismo. O mundo em que estamos atolados, o presente de nosso país são por demais eloquentes em mostrar no que veio dar os sonhos da razão, da revolução, da civilização e do progresso. Creio que, nesse sentido, o quadro de Francisco Goya, *O sonho da razão produz monstros*, é premonitório. Vivemos num país hoje assolado por vampiros e gatos angorás, bolsomitos e homens de preto. Além da crise de adesão às utopias da modernidade, aos valores das sociedades ocidentais, que se prenuncia com o maio de 1968, a queda do muro de Berlim, a crise do socialismo e a consequente contestação ao marxismo como única teoria capaz de explicar o mundo contemporâneo, fez com que esses pensadores fossem alijados do debate. Eles e suas ideias envelheceram, no percurso entre a saída para e o retorno do exílio. Ao chegar ao país, se vinculam politicamente ao trabalhismo, ao brizolismo, e se veem imediatamente identificados como uma velha esquerda, saudosa dos idos de 1964, emparedados entre a nova esquerda, encabeçada pelo Partido dos Trabalhadores, e a pretensa social-democracia encarnada pelo partido de seus opositores no campo do debate político e econômico, o PSDB, onde estão alojados os autores da teoria da dependência que se tornou hegemônica e que se metamorfoseou em neoliberalismo, à medida que nunca acreditou na possibilidade de um desenvolvimento nacional alternativo, à medida que nunca acreditou na possibilidade da livre-iniciativa do empresariado nacional, sempre disposto a, como assistimos recentemente, aparentemente advogarem contra seus próprios interesses ao abrirem mão de uma política econômica nacionalista e ao se entregarem aos interesses do capital multinacional ao qual estão associados e representam. Tiveram que se haver, também, com uma vida acadêmica e universitária bastante modificada, desde que daqui saíram. Tiveram dificuldades de reinserção em uma universidade onde a titulação, que a maioria não possuía, passou a contar muito, em que o trabalho acadêmico, a necessidade de publicação, de se construir uma carreira e de gozar das benesses que proporciona se tornou mais importante do que o serviço que a universidade possa prestar à sociedade em que está inserida, notadamente quando se trata de contribuir para a transformação social. Eles encontraram uma sociedade muito mais moderna e complexa do que imaginavam, uma universidade que se regia por novos parâmetros e mesmo um debate econômico e político que se articulava em torno de novos temas, conceitos, enunciados, estratégias. Quando tomaram o rumo de casa, a derrota se fez visível e palpável. Mesmo atualizando suas categorias e pensamentos, tiveram pouca audiência porque aqui encontraram inimigos poderosos e bem situados na universidade e fora dela.

Recomendo fortemente, leitor, o livro que você tem em mãos. Ele atende uma das mais importantes tarefas da historiografia, ou seja, o aprendizado com as derrotas que aconteceram no passado, o que parece nunca ocorrer com as esquerdas brasileiras, talvez por sua pouca frequentação de livros como os de Claudia Wasserman. Nosso presente temeroso é fruto de alguns equívocos sistematicamente repetidos por nossas esquerdas, alguns deles já debatidos pelos teóricos de esquerda da teoria da dependência: a aposta na colaboração de classe, a aposta no consenso mais do que no conflito, a política de alianças com as raposas que só esperam o momento de dar o golpe, o fascínio pelo Estado e pelos cargos que oferece, a crença num nacionalismo inexistente entre nossas elites empresariais e sociais, a mitificação de um povo que sempre está muito distante da imagem que dele se faz, a sobreavaliação das próprias forças, a bajulação a uma mídia inimiga e reacionária, as teorizações e os debates estéreis desligados de um contato real com o país e seus problemas, a fogueira de vaidades inviabilizando acordos nos momentos mais prementes. Este livro ajudará a todos a entender, inclusive, por que nos debates entre PSDB e PT, que vêm polarizando a vida política brasileira nas últimas décadas, há dois projetos bastante distintos para o país e que nascem dos debates levados a cabo, entre os anos 1950 e 1970 pela intelectualidade brasileira e latino-americana, num momento em que fomos capazes, por circunstâncias históricas tratadas com maestria neste livro, de enxergar nossas semelhanças como sociedades e fomos capazes de produzir pensamentos e categorias originais, fomos presentes no mundo como sociedades e como academias, o que foi o bastante para que nossas elites reacionárias jogassem o continente num período de retrocesso e escuridão, como vivemos novamente agora. Sempre que surgimos para o mundo, nossas classes dominantes tratam de nos fazer retornar à condição de párias e de meros apêndices das partes do mundo que elas presam e pelas quais têm um fascínio colonizado. Este livro trata de um capítulo da descolonização do pensamento latino-americano, de ruptura com a dependência filosófica, teórica, epistemológica e cultural em relação aos países centrais. A história aqui se faz como derrota, como proposta de mudança de rota, de percurso, de caminho, de roteiro na hora de pensar o Brasil e na hora de fazer dele outro país. É preciso aprender com a derrota, é preciso tomar outras derrotas na hora de se fazer política de esquerdas no Brasil e na América Latina. Se a derrota é uma ruptura, que aprendamos com a história que é das rupturas que nascem as mudanças, as transformações. Aprendamos com este livro a aceitar a derrota, a fazer a ruptura, a tomar novos caminhos, a fazer novos percursos, mesmo quando eles não são o que se esperava. A derrota não é necessariamente negativa, ela pode significar, como mostra a vida dos quatro intelectuais aqui tratados, a possibilidade de conquistas e de vitórias outras. Quando nossas tropas estão em fuga, quando foram, mais uma vez, dispersadas, desbaratadas, destroçadas, quando nossos inimigos sorriem seus sorrisos de hiena, lembremos que esse pode ser um momento de se mudar o modo de proceder, deve ser o momento de fazer soar o toque de agrupamento, de rearrumação, de reunião, deve ser o momento de adotar novas posições para as batalhas que se avizinham. De nada adianta chorar pelas batalhas perdidas, o que importa é aprender com elas. O livro de Cláudia Wasserman é um generoso convite ao aprendizado com as derrotas e com os derrotados. Estejamos a postos e dispostos a sua leitura!

DURVAL MUNIZ DE ALBUQUERQUE JÚNIOR

PRÓLOGO

Esta pesquisa aborda a trajetória de quatro intelectuais. Três brasileiros, Theotônio dos Santos, Ruy Mauro Marini e Vânia Bambirra, e um alemão, André Gunder Frank. O objetivo do estudo foi entender a aliança formada entre eles para além da constatação de que eram um grupo de amigos que se encontrou pela primeira vez na Universidade de Brasília (UnB) e que, em seu percurso de vida, trabalho e militância política, continuou se encontrando e se reconhecendo como companheiros.

Um desses vínculos, para além da amizade, e talvez o mais forte deles, dizia respeito ao desejo de compreender e transformar a realidade brasileira a partir de suas habilidades como cientistas sociais. Eles eram jovens intelectuais marxistas atuantes quando sobreveio o golpe de 1964.

No exílio, conheceram as universidades chilena e mexicana, trabalharam com outros cientistas sociais latino-americanos e formularam conceitos, ideias e interpretações que julgavam adequados para compreender a América Latina e a periferia do sistema capitalista.

Ao conjunto de conceitos, ideias e interpretações formulados por eles e outros cientistas sociais deu-se o nome de teoria da dependência, cuja paternidade foi disputada por outros intelectuais nos anos 1970. Eles saíram do Brasil quando a discussão mais recorrente entre os intelectuais de esquerda era a revolução brasileira, sua urgência, caráter, agentes, condições concretas e subjetivas etc.

Quando voltaram ao Brasil, depois da anistia, encontraram um país imerso em discussões sobre a democracia e seus condicionantes econômicos, tais como ajustes recomendados pelo Fundo Monetário Internacional (FMI) e Banco Mundial (BM), participaram desses debates e tiveram imensas dificuldades de reintegração nos ambientes acadêmicos e políticos.

A pesquisa tracejou esse percurso, do Brasil nacionalista e revolucionário ao Brasil neoliberal e pré-democrático. Abordou, nesse percurso, o contexto intelectual brasileiro anterior ao golpe, os ambientes acadêmicos e políticos que as personagens desse estudo encontraram no México e no Chile e a conjuntura da redemocratização, contemplando as transformações ocorridas na universidade, nos partidos políticos e no ambiente dos intelectuais de esquerda.

O capítulo 1 aborda o início desse percurso, desde a participação militante na Polop, o ingresso como professores na UnB, o golpe, o exílio, o ambiente acadêmico e político dos países do exílio e os diversos reveses que eles passaram entre o Chile e o México.

Foi valorizado também o esforço dessas personagens em construir um arcabouço teórico que explicasse a dependência, o subdesenvolvimento e examinasse as possibilidades e alternativas aos povos da periferia. O capítulo 2 aborda aspectos da produção intelectual de Theotônio, Vânia, Ruy Mauro e Gunder Frank, com ênfase para os temas do capitalismo dependente, do socialismo e do latino-americanismo. A análise da enorme quantidade de livros e artigos escrita por esses quatro autores seria impossível neste espaço e nem era o objetivo deste estudo. Privilegiaram, nestes três aspectos mencionados, os elementos que deram origem e que fortaleceram os vínculos do grupo, bem como as críticas dirigidas às suas narrativas, que produziram as polêmicas do grupo com intelectuais do *mainstream* e também ajudaram na sua distinção.

Finalmente, a pesquisa adentrou os anos 1980, quando Theotônio, Vânia e Ruy Mauro voltaram ao Brasil. No capítulo 3, o estudo apreciou especialmente a necessidade de acomodação dos exilados à nova realidade, o que chamamos de *aggiornamento*, que vem acompanhado da estranheza e das ilusões acalentadas durante os anos do exílio. Os memoriais acadêmicos produzidos pelas nossas personagens para retomar suas atividades nas universidades brasileiras foram as fontes preferenciais deste último capítulo. Mesmo reconhecendo a limitação dessa fonte, foi possível perceber os sentimentos envolvidos nessa tentativa de retomar a vida profissional, pessoal e como cidadão.

Porém, vítimas da chamada "redemocratização sem sobressaltos" e da "higienização da intelectualidade" de esquerda nos anos 1980, os autores da teoria da dependência sofreram com o ostracismo as consequências de terem mantido uma posição política e teórica radical. No início do século XXI, seus projetos e diagnósticos começaram a ser reabilitados. Atualmente, a partir dessa recuperação, é possível, inclusive, compreender os seus equívocos e fazer a crítica da sua produção científica, que poderá ser retomada e servir de ponto de partida para novos projetos para o Brasil e para a América Latina.

CAPÍTULO 1
OS INTELECTUAIS BRASILEIROS NOS ANOS 1960 E O GRUPO DE BRASÍLIA

O objetivo deste livro foi acompanhar a trajetória de um grupo de autores, três brasileiros e um alemão, com atividade política intensa, cuja produção intelectual localizou-se predominantemente no período entre os anos 1960 e 1970 e que teve o materialismo histórico como embasamento teórico. Esses intelectuais – economistas, sociólogos e cientistas políticos – trabalhavam nas universidades, em centros de pesquisa e institutos de estudos e investigação social. Sua preocupação principal era explicar as sociedades latino-americanas, brasileira em particular, e suas dificuldades, tentando encontrar, por meio de suas interpretações, as possíveis saídas para resolução dos problemas do país. Nesse sentido, elaboraram diagnósticos e construíram projetos para o Brasil. Deveriam ser reconhecidos como "intérpretes do Brasil",[1] ainda que nem todos tenham sido assim distinguidos até

---

1. O "intérprete do Brasil" pode ser definido como um intelectual envolvido politicamente, que tinha o objetivo de diagnosticar a situação do país, por meio da interpretação da sua história e de seu povo, propondo soluções para os problemas detectados e atuando ativamente para a execução de suas propostas. De acordo com José Carlos Reis, no livro *As identidades do Brasil: de Varnhagen a FHC*, " os intérpretes do Brasil valorizam o espaço da experiência brasileira, o que o Brasil já foi e ainda é, ora valorizam o horizonte de espera, o que o Brasil quer ser e ainda não é... A partir de certas crises, rupturas, mudanças bruscas, as interpretações conhecidas envelhecem e são ou substituídas por outras ou recriadas" (2000:15). Mesmo reconhecendo a possibilidade de que as "interpretações" dos autores selecionados para esta pesquisa tenham "envelhecido", não se justifica que sua contribuição para o diagnóstico e a solução dos problemas do país daquela época tenha sido menosprezada ou esquecida.

hoje. A maior parte desses intelectuais iniciou sua trajetória na Universidade de Brasília, congregados em torno do projeto desenvolvido por Darcy Ribeiro para a mesma. Foram vítimas do golpe de 1964 e forçados ao exílio; reuniram-se no Chile e no México e continuaram pensando alternativas para o Brasil. Com a anistia, voltaram ao país, tendo bastante dificuldade em recuperar os postos anteriores e suas antigas atividades profissionais e intelectuais.

Quando André Gunder Frank faleceu, em 2005, Theotônio dos Santos fez um comentário para homenagear o antigo professor que resume assim o percurso do grupo: "Em seu seminário de André Gunder Frank, estávamos eu, Ruy Mauro Marini e Vânia Bambirra, que seríamos posteriormente consagrados como a corrente radical da teoria da dependência. Discutimos muito o tempo todo. Mas não há dúvida de que assumimos um compromisso intelectual e político comum que durou toda uma vida, ao longo de dois exílios políticos, do Brasil ao Chile e do Chile ao exterior. E, em nosso caso, numa anistia que nos lançou em um Brasil profundamente comprometido com o capital financeiro internacional" (2005:1). "Exilado no Chile, como nós, André se incorporou em 1967 ao Centro de Estudos Socioeconômicos (Ceso) da Faculdade de Economia que eu dirigi. Aí estavam, outra vez, Ruy e Vânia, o que nos permitiu realizar muitos trabalhos conjuntos"... "O golpe no Chile destruiu o Ceso e nos dispersou outra vez. Eu e Vânia fomos para o México, onde fomos recebidos com uma solidariedade comovedora. André e Ruy foram, inicialmente, para a Alemanha. Ruy veio posteriormente para o México e se incorporou ao doutorado de economia da Unam, que eu dirigia. Frank iniciou um périplo pelo mundo, terminando por um bom período na Holanda, onde se aposentou" (2005:2).

Outro depoimento interessante desses encontros é fornecido por Ruy Mauro Marini em suas "Memórias", produzidas em 1987 "como exigência acadêmica" para reintegração à Universidade de Brasília: "Ali estavam grandes amigos meus, como Vânia e Theotônio, junto a uma vasta colônia de exilados brasileiros, que, enquanto estive no Chile, contou, em momentos diversos, com Darcy Ribeiro, Almino Afonso, Guy de Almeida, José Maria Rabelo, Maria da Conceição Tavares; em pouco tempo, eu faria novas amizades entre os chilenos e hispano-americanos, como Tomás Vasconi, Inés Reca, Pío García, Orlando Caputo, Roberto Pizarro, Aníbal Quijano, reencontrando também André Gunder Frank, que lecionava na Universidade do Chile, e sua esposa, Marta Fuentes" (Marini, 1990:16-17).

Na correspondência de André Gunder Frank (1995), encontrei a seguinte informação a respeito do grupo: "Na Universidade de Brasília, Ruy Mauro Marini, Theotônio dos Santos e sua mulher Vânia Bambirra eram meus alunos; e Marta era aluna de Vânia. Nenhum de nós tinha ainda pensado no que viria a se transformar a nossa Teoria da Dependência. É claro que tampouco podíamos saber que a América Latina e o nosso envolvimento político iriam, mais tarde, abranger nossas trajetórias pessoais, intelectuais e políticas.".[2]

Os extratos autobiográficos de alguns desses intelectuais, consagrados como "a corrente radical da teoria da dependência", me permitiram selecionar o "núcleo duro" do grupo: André Gunder Frank, Theotônio dos Santos, Ruy Mauro Marini e Vânia Bambirra. A escolha desses autores não foi fortuita nem se deveu apenas a suas memórias afetivas, inclusive porque muitos outros nomes apareceram ao longo desses depoimentos. A opção foi condicionada, sobretudo, pelo fato de esses autores terem sido aqueles que, nos anos 1960 e 1970, disputaram com maior intensidade o significado dos conceitos de dependência e de desenvolvimento, contrariando e

---

2. *"At the University of Brasilia, Ruy Mauro Marini, Theotonio dos Santos and his wife Vania Bambirra were my students; and Marta was Vania's. None of us had yet thought of what would become our dependence theory. Of course, neither could we then know how Latin American and our political developments would later entangle our personal, intellectual and political paths."*

se opondo às demais correntes de interpretação presentes no cenário intelectual brasileiro e latino-americano da época.

A análise de grupos intelectuais requer alguns cuidados metodológicos específicos, visto que, para a interpretação de grandes grupos sociais, como classes e setores profissionais, a história já possui métodos consagrados à sua disposição. Neste caso, trata-se da análise de um pequeno círculo de amigos, geograficamente localizados, que estudaram na mesma escola e tiveram a experiência do exílio e do retorno mais ou menos simultaneamente. Por isso, por estarem sempre juntos, trabalhando, se ajudando, discutindo os problemas do Brasil e militando nas mesmas organizações políticas, seus oponentes atribuíram ao grupo certo ponto de vista, da mesma forma que eles mesmos construíram visões sobre o círculo. Metodologicamente, será necessário, portanto, ir além das concepções próprias sobre seu papel no contexto político e intelectual da época e, ao mesmo tempo, superar alguns pontos de vista sobre o grupo construídos pelos seus oponentes.

Embora admitindo dificuldades metodológicas, concordo com Raymond Williams acerca da oportunidade de analisar grupos pequenos, neste caso, um de intelectuais: "O grupo, o movimento, o círculo, a tendência parecem ou muito marginais ou muito pequenos ou muito efêmeros para exigir uma análise histórica ou social. Entretanto, sua importância como um fato social e cultural geral [...] é grande: naquilo que eles realizaram e no que seus modos de realização podem nos dizer sobre a sociedade com as quais eles estabelecem relações, de certo modo, indefinidas, ambíguas" (1999:140).

O grupo formado por Marini, Gunder Frank, Bambirra e Santos desenvolveu um forte antagonismo em relação aos significados hegemônicos e frequentes atribuídos ao desenvolvimento capitalista no Brasil e às possibilidades de superar a dependência. Esse antagonismo foi o principal fator definidor de sua aliança. Por isso se reuniram e, pelo mesmo motivo, foram agrupados por seus oponentes como um só círculo. Ainda assim, mesmo que o objetivo deste livro seja investigar a trajetória do grupo, a análise de cada indivíduo poderá revelar especificidades intelectuais que somente podem ser identificadas pela interpretação de seus textos e a partir de seus debates internos.

Por causa da oposição que sustentaram em relação ao pensamento hegemônico, acabaram se reunindo e sendo identificados como uma corrente de pensamento, mas também deverão ser analisados individualmente a partir de suas idiossincrasias pessoais e diferenças com os demais membros do grupo.

Meu objetivo é percorrer o mesmo itinerário desses escritores para entender o significado dessa aliança e de suas especificidades. Interessa-me, sobretudo, compreender a sociedade, à qual eles se autoatribuíam a capacidade de entender e de transformar. Quero também saber por que esses intelectuais tiveram dificuldades de reintegração depois da anistia, já que aqueles que se sentiram política e ideologicamente ameaçados pelo seu "marxismo radical" estavam supostamente se retirando da vida pública. É possível que as disputas em torno dos temas desenvolvimento e dependência, anteriores ao golpe de 1964, ainda estivessem vigentes após a redemocratização e que a "corrente radical da teoria da dependência" ainda representasse uma ameaça ao pensamento hegemônico a respeito do desenvolvimento capitalista no Brasil.[3]

---

3. Outras hipóteses para a dificuldade de reintegração do grupo depois da anistia e para o escasso reconhecimento que receberam as teorias por eles desenvolvidas podem estar relacionadas ao tipo de engajamento político que eles estabeleceram a partir do golpe, à manutenção de posições revolucionárias em um ambiente de redemocratização conservadora e liberal nos anos 1980, à adesão ao Partido Democrático Trabalhista (PDT), mais precisamente ao "brizolismo", em um ambiente político dominado pela "nova esquerda" do PT e pela social-democracia do PSDB. Também é possível que os intelectuais personagens deste estudo não tenham se conectado aos processos de atualização e renovação teórico e

Imersos em um ambiente nacional-desenvolvimentista nos anos 1960, os críticos radicais das teorias da modernização voltaram a um país que, no início dos anos 1980, já estava impregnado de ideias ostensivamente neoliberais.[4] O contexto brasileiro anterior ao golpe, posterior à redemocratização e os ambientes que eles encontraram no México e no Chile também deverão ser examinados para entender melhor essa trajetória.

André Gunder Frank, Ruy Mauro Marini, Theotônio dos Santos Júnior e Vânia Bambirra nasceram por volta de 1930. Formaram, possivelmente, a última geração de intelectuais explicitamente ligados à esfera pública. Gente que, segundo Emir Sader (2005:159): "Seguia escrevendo ensaios elegantes para pequenas revistas, em linguagem acessível à ampla comunidade intelectual. O peso do academicismo só se fez notar fortemente na geração nascida depois de 1940". Esta observação de Sader, no artigo intitulado "Nós que amávamos tanto o capital — fragmentos para a história de uma geração", também pode ser considerada autobiográfica, embora ele tenha nascido em 1943. O tema foi abordado igualmente pelo norte-

---

metodológico experimentados pelas ciências sociais brasileiras nos anos 1980. Ao longo da pesquisa, todas essas hipóteses deverão ser examinadas à luz da história de sua trajetória, evidenciada pelas fontes e por entrevistas, e a partir da sua produção intelectual.

4. Ainda que as práticas ligadas ao neoliberalismo somente tenham se consolidado no Brasil a partir do governo Fernando Collor de Melo, as ideias do Consenso de Washington já eram correntes em toda a América Latina, sobretudo no Chile, onde foram aplicadas pelo governo ditatorial de Augusto Pinochet. No Brasil, o governo José Sarney apresentou medidas fortemente marcadas pelo neoliberalismo. Mas, antes disso, já existiam economistas e intelectuais brasileiros, como Eugênio Gudin e Octávio Gouveia de Bulhões, que defendiam o neoliberalismo e exerciam forte influência em instituições de pesquisa e acadêmicas, como a Fundação Getulio Vargas (FGV), a Universidade do Brasil (depois UFRJ) e o Conselho Nacional de Economia (CNE). Para mais detalhes sobre esse viés do pensamento econômico brasileiro, ver Bielschowsky, (2000:37-76).

-americano Russel Jacoby (1987:18), cuja pesquisa trata dos "últimos intelectuais" dos Estados Unidos, desaparecimento que, segundo Jacoby, deveu-se a três fatores: "a reestruturação das cidades, o desaparecimento da boêmia e a expansão da universidade".

Vítimas da profissionalização, da especialização excessiva, da segurança da vida acadêmica, da construção de campus longe dos centros urbanos e da divisão, cada vez mais acentuada, das ciências sociais, os intelectuais ligados à vida pública e preocupados em intervir nos assuntos da sociedade cedem lugar aos "docentes" que "negligenciam os problemas políticos essenciais" (Sader, 2005:160), e ainda que muitos deles continuassem possuindo uma posição política radical e de esquerda, suas atitudes e produção intelectual não refletiam mais isto.[5]

A trajetória dos autores aqui pesquisados responde igualmente a essas mudanças no papel do intelectual entre os anos 1960 e 1980. Mudaram os intelectuais, as sociedades latino-americana e brasileira e as instituições que abrigavam esses pensadores e cientistas sociais. De acordo com Paulo d'Ávila Filho (2009:9), "o rumo dos acontecimentos fez esmaecer o brilho da contribuição de vários intelectuais [...] nos fazendo crer que suas aspirações jazem sepultadas". Um dos objetivos deste trabalho é resgatar, além do "brilho da contri-

---

5. Evidentemente existem intelectuais, alguns deles docentes universitários, preocupados com os problemas da sociedade brasileira, e muitos explicitamente engajados em partidos e organizações políticas. No entanto houve, manifestamente, uma mudança no perfil dos intelectuais dedicados às ciências sociais no país. A profissionalização e sistemáticas avaliações e cobranças às quais estão submetidos esses profissionais esmaecem sua participação política ou relegam essa atividade a um plano secundário de suas vidas. Por causa dessas mudanças no perfil do intelectual entre os anos 1960 e 1980, é possível ainda que os intelectuais personagens deste livro tenham sofrido uma "inadequação comportamental" – pensavam voltar a um país e a universidades que não existiam mais. Mas essa é mais uma possibilidade a ser averiguada no que se refere ao retorno depois da anistia.

buição", as aspirações políticas desses intelectuais, algumas das quais persistem como metas da sociedade brasileira.

Quando iniciou a trajetória intelectual desses autores, no início dos anos 1960, na recém-fundada Universidade de Brasília (UnB), prevalecia a figura do intelectual engajado, que buscava uma ligação com o povo e sentia-se dilacerado pelas contradições da sociedade capitalista, indignado com a desigualdade social e com o subdesenvolvimento, disposto a utilizar sua caneta como arma de transformação.

O início de um percurso

André Gunder Frank foi convidado por Darcy Ribeiro, em 1962, para lecionar na então recém-fundada Universidade de Brasília (UnB). Frank nasceu em Berlim, em 1929, mas deixou o país aos quatro anos, com o pai, que fugia do nazismo. Aos 11 anos, fixou residência nos Estados Unidos e cursou economia em uma escola da Pensilvânia. O doutorado em economia foi realizado em Chicago, onde, apesar de ser ótimo aluno, foi convidado a se retirar por incompatibilidade com as teses do grupo hegemônico da escola, liderado por Milton Friedman.

Desde 1960 começou a viajar pela América Latina. Chegou ao Brasil em uma época em que "o país estava irreconhecivelmente inteligente".[6] Conectadas com o desenvolvimento econômico brasileiro, as atividades culturais e intelectuais tiveram grande estímulo a partir dos anos 1950. O processo de industrialização ganhou impulso, concorrendo para uma urbanização acelerada, o aumento do êxodo rural, acompanhado do crescimento do proletariado e da necessidade de explicar essas transformações. O alvo econômico do governo Vargas (1951-1954) era a remoção dos obstáculos ao crescimento. Almeja-

---

6. Roberto Schwarz, citado por Hollanda, (1982:8).

va investir em energia elétrica, transportes, comunicações e petróleo. O início da produção de aço pela Companhia Siderúrgica Nacional (CSN) abrira perspectivas para o desenvolvimento industrial do país, já que o aço constitui a matriz para vários ramos ou tipos de indústria. O Banco Nacional de Desenvolvimento Econômico e Social (BNDES), criado em 1952, impulsionou grandes empreendimentos industriais e obras de infraestrutura. A suposição de que o país poderia superar a condição de periferia foi acompanhada de perspectivas intelectuais otimistas. Essas previsões de progresso eram comuns em vários países latino-americanos, entre os quais Brasil, Chile, Argentina e México.

A Comissão Econômica para América Latina (Cepal) havia sido constituída em 1948 a partir dessas expectativas. No Brasil foram criados, em 1952, o Instituto Brasileiro de Economia, Sociologia e Política (Ibesp) e, mais tarde, em 1955, o Instituto Superior de Estudos Brasileiros (Iseb), ambos com o objetivo de discutir e projetar os rumos do desenvolvimento nacional. De outra parte, o Partido Comunista Brasileiro (PCB) fundara, em 1954, a Liga de Emancipação Nacional para dar unidade às diversas manifestações de defesa da soberania nacional e luta anti-imperialista no Brasil.

Não eram as universidades os lugares que preferencialmente abrigavam os intérpretes do Brasil. Os antecedentes diretos das interpretações do capitalismo brasileiro haviam sido fornecidos por intelectuais não necessariamente acadêmicos ligados ao PCB, como Nelson Werneck Sodré, Alberto Passos Guimarães e Caio Prado Jr., entre outros.

O debate entre nacionalistas, de um lado, entreguistas, de outro, e a prédica nacionalista formavam o contexto intelectual que André Gunder Frank testemunhou ao chegar ao país. Essas polêmicas tinham raízes no contexto de definição dos rumos do desenvolvimento econômico brasileiro.

A Universidade de Brasília, fundada em 21 de abril de 1962, representou uma inovação ao abrigar intelectuais de esquerda, politicamente atuantes. O educador Anísio Teixeira foi o idealizador e fundador da UnB, e seu discípulo, o antropólogo Darcy Ribeiro, o primeiro reitor da universidade. Eles sonhavam com uma instituição voltada às transformações, diferente do modelo tradicional.

Juridicamente concebida como uma fundação, a UnB ampliava a independência em relação ao Estado. Sua organização estava baseada em departamentos e institutos, ao invés da cátedra[7] e da faculdade, próprias da universidade tradicional; o projeto pedagógico privilegiava o trabalho docente em equipe, a relação ensino-pesquisa e dava estímulo à realização de cursos livres, debates e seminários e à abertura de cursos de pós-graduação. Sua concepção da relação universidade-sociedade, que a levava a abrir-se ao exterior, promovendo cursos de extensão e, inclusive, de formação profissional e capacitação sindical, constituía outro diferencial da instituição, que abrigava intelectuais comprometidos em compreender e projetar as transformações que o país sofria naquela metade de século.

O encontro de André Gunder Frank com Marini, Bambirra e Santos ocorreu na UnB, em 1963. Nessa época, os pós-graduandos e professores da instituição, entre eles Theotônio dos Santos, Ruy Mauro Marini, Luís Fernando Victor, Teodoro Lamounier, Albertino Rodriguez, Perseu Abramo e Vânia Bambirra, iniciaram um seminário permanente de leitura de *O capital*. Procuravam aplicar as

---

7. Os princípios do regime de cátedra-propriedade possuem influências centenárias, como a da Universidade de Coimbra. A universidade latino-americana se desenvolveu influenciada pelo sistema europeu e, sobretudo, ibérico. O antigo catedrático configurava-se como proprietário absoluto que conservava sob sua tutela um domínio do saber, como um senhor feudal. As cátedras eram ocupadas por docentes de modo permanente. Eles decidiam a respeito dos professores assistentes e alguns tinham uma relação de senhores feudais com as áreas de conhecimento que ocupavam. Foi contra esse sistema que Darcy Ribeiro se insurgiu, classificando-o como "loteamento do saber em províncias vitalícias, outorgáveis através de certos procedimentos de seleção". Ver Riedel (1985).

análises de Karl Marx à interpretação do desenvolvimento histórico latino-americano.

Nessa mesma época, os grupos de leitura de *O capital* disseminaram-se nas universidades brasileiras e no mundo todo. Um dos grupos mais referidos no Brasil foi organizado pelo filósofo José Arthur Giannotti na Universidade de São Paulo (USP), a partir de 1958, e reuniu, em uma primeira edição, Fernando Henrique Cardoso, Florestan Fernandes, Otávio Ianni, Francisco Weffort e outras importantes figuras da escola sociológica paulista. De acordo com as memórias de Roberto Schwarz (1995:2), que participou de uma versão posterior de encontros desse grupo, "na época os círculos de leitura de Marx se multiplicaram em todo o mundo, uma 'coincidência' que vale a pena examinar".

As leituras marxistas, sobretudo de *O capital*, foram impulsionadas por uma conjuntura de crítica ao capitalismo, mas responderam em geral à necessidade de afrontar as atrocidades cometidas por Stálin na antiga União Soviética e recuperar o prestígio da esquerda no campo intelectual; ao impacto da Revolução Cubana, que confrontava as teses do marxismo oficial dos partidos comunistas e sua confiança na aliança com uma suposta "burguesia progressista"; à necessidade de explicar os movimentos urbanos e rurais que ameaçavam o edifício nacional-desenvolvimentista e populista nesta parte subdesenvolvida do planeta e de "transformar o mundo acadêmico em um espaço de crítica permanente, marcado por uma concepção científica superior" (Schwarz, 1995:4). Os grupos de leitura de Marx pretendiam se diferenciar de uma tradição intelectual ensaísta e não fundamentada, necessariamente, em teorias gerais que corroborassem a análise empírica.

O grupo brasiliense permaneceu na sombra, assim como outros círculos de leitura em vários estados periféricos do país, enquanto o grupo "uspiano" se sobressaiu e tem, até hoje, bastante visibilidade, ainda que a maior parte dos "paulistas" tenha feito, segundo um editorial não assinado da revista *Marxismo e História*, "um pouco mais do que estudar o livro, passando posteriormente ao papel de intelectuais orgânicos do capital" (Getthi-Marx, 2007:2). Sader (2005:174) chega a referir o grupo paulista como encastelado em uma "torre de marfim", em função de sua equidistância "diante do enfrentamento entre o governo Jango e a direita".

As memórias sobre a contribuição de cada um dos grupos geograficamente localizados de intelectuais marxistas dedicados à leitura e à disseminação de Karl Marx e dos demais clássicos prosseguem nas "memórias" de Schwarz, publicadas no jornal *Folha de S. Paulo*, em 1995, e de Sader, divulgadas pela *Revista Praga*, em 1996.[8] Os dois textos apresentam acusações mútuas que se referem ao "provincianismo dos paulistas", à "promiscuidade dos cariocas com o nacional-desenvolvimentismo", ao "desprezo dos paulistas pela falta de rigor dos intelectuais cariocas", à "versão simplista dos paulistas", entre outras insinuações e críticas (Sader, 2005; Schwarz, 1995).[9] Seja como for, Sader (2005:174) observa com propriedade que "a versão simplista dos paulistas não dava conta [...] dos autores introduzidos por comunistas cariocas [...]. Tampouco fazia justiça aos projetos universitários pioneiros de Darcy Ribeiro, iniciados com a fundação da Universidade de Brasília e que teriam continuidade com outra universidade piloto no ABC Paulista".

Os debates de Schwarz e Sader giram em torno dos aportes dos grupos do Sudeste do país: um localizado na USP, em São Paulo, e o

---

8. A versão que possuo do artigo está reproduzida na revista *Sociologias*, conforme consta da bibliografia. Por isso, as referências ao texto serão feitas a partir desta versão.

9. É bom mencionar que os textos de Roberto Schwarz e de Emir Sader foram escritos no contexto da eleição de Fernando Henrique Cardoso para a presidência da República em 1995 e, nesse sentido, disputavam a contribuição do candidato para a interpretação da economia e da sociedade brasileiras. O artigo de Schwarz era mais laudatório em relação aos aportes de Cardoso e o de Sader, mais crítico.

outro, no PCB e no Iseb, no Rio de Janeiro e, portanto, fora do meio acadêmico. Segundo Pureza (2004:3-5), tratava-se de uma disputa entre *marxistas acadêmicos* e *marxistas partidários*, exemplificada na luta de espaço e de afirmação intelectual travada entre a intelectualidade uspiana e werneckiana.

De fato, nessas interpretações e nos depoimentos dos que fizeram parte de um ou outro grupo, o aporte específico e original da chamada "corrente radical da teoria da dependência" foi, em geral, menosprezado. Sader (2005) teve a preocupação de mencionar a polêmica ocorrida, em 1979, entre Fernando Henrique Cardoso/José Serra e Ruy Mauro Marini, revelando a importância dessa corrente nas disputas pela definição dos rumos do capitalismo brasileiro. Mesmo assim, tudo indica que o grupo de Brasília foi vencido política e intelectualmente, a julgar pela omissão desses autores na plêiade dos "intérpretes do Brasil".[10] Entender a trajetória dessa "derrota" pode esclarecer muito sobre os problemas atuais do Brasil.

O grupo que iniciou sua trajetória na Universidade de Brasília tinha origem acadêmica variada. Gunder Frank havia realizado seus estudos superiores completos em universidades norte-americanas, com destaque para a Escola de Chicago; Ruy Mauro Marini nasceu

---

10. As palavras de Luis Buñuel, em *Escritos de Luis Buñuel*, apud Sader (2010:1), ajudam a esclarecer as omissões: "[...] *a memória, indispensável e portentosa, é também frágil e vulnerável. Não está ameaçada somente pelo esquecimento, seu velho inimigo, mas também pelas falsas recordações que vão invadindo-a dia após dia"* [...] *"a memória é invadida constantemente pela imaginação e fantasia, e dado que existe a tentação de acreditar na realidade do imaginário, acabamos por fazer uma verdade da nossa mentira..."*. Alguns livros de história do Brasil que deveriam ter mencionado esses autores e as disputas teóricas e políticas nas quais se envolveram, mas que ignoraram sua existência, são coletâneas destinadas a mapear o ambiente da esquerda e do marxismo brasileiros no século XX, entre as quais destacaria *A esquerda no Brasil*, organizado por Jorge Ferreira e Daniel Aarão Reis Filho, e *História do marxismo no Brasil*, organizado por João Quartim de Moraes, Marcos del Royo, Daniel Aarão Reis Filho e Marcos Ridenti.

em Barbacena (MG) em 1932, mas graduou-se em administração pública na Escola Brasileira de Administração Pública (Ebape), uma divisão da Fundação Getúlio Vargas, no Rio de Janeiro, e realizou uma "complementação" de dois anos no Instituto de Estudos Políticos da Universidade de Paris (*SciencesPo*); Theotônio dos Santos também nasceu em Minas Gerais, em Carangola, em 1936, e estudou no curso de sociologia, política e administração pública da Faculdade de Economia da Universidade Federal de Minas Gerais (UFMG); Vânia Bambirra graduou-se em ciência política, igualmente pela UFMG. Os três fizeram mestrado em ciência política, em Brasília, onde Gunder Frank ministrava seus cursos, convidado por Darcy Ribeiro, que almejava aumentar na UnB a densidade de docentes qualificados com título de doutorado.

Um desafio deste livro é descobrir se algumas das ideias e das atividades compartilhadas por essas personagens foram elementos de seu "vínculo" e se contribuíram diretamente para sua formação e distinção como grupo. Caberá perguntar se existiu algo sobre a forma como eles se vincularam que indicasse fatores sociais e culturais mais abrangentes.

Essas perguntas se justificam porque em depoimentos dos anos 1960/1970 e posteriores muitos outros intelectuais são mencionados, tanto na UnB quanto no Ceso, CEI (Colmex) e Cela (Unam), mas, quando se trata dos autores objeto deste estudo, eles sempre aparecem agrupados, sendo dificilmente citados isoladamente. Isso sugere que existia algo mais do que afinidade intelectual, amizade, coincidência de percurso etc.

Williams (1999:142) recomenda "levar em consideração não apenas as ideias e atividades manifestas, mas também as ideias e posições que estão implícitas [...] uma vez que os conceitos aos quais tais grupos são referidos pertencem, essencialmente, às definições e perspectivas dos próprios grupos" e, eu acrescentaria, de seus oponentes.

Esses conceitos atribuídos ou autoatribuídos, como é o caso da definição "corrente radical da teoria da dependência", podem implicar circularidade ou obscurecimento. Obscurecimento do que o grupo realmente era e o que representava social e intelectualmente. Particularmente, neste caso, a definição "corrente radical da teoria da dependência"[11] é circular e, ao mesmo tempo, obscurece a importância do círculo porque é resultado da sua derrota política e intelectual.

Por não serem considerados os fundadores da teoria da dependência,[12] eles aceitaram a alcunha de "radicais" e assim passaram a se autodenominar. Ao mesmo tempo, a palavra *radical* carrega um significado pejorativo na luta política brasileira, sempre enaltecida como positivamente conciliadora.

Igualmente, as categorias criadas por esses autores para explicar o desenvolvimento capitalista no Brasil, como desenvolvimento do subdesenvolvimento, subimperialismo, superexploração do trabalho, entre outras, foram desprezadas pelos oponentes, sobretudo porque respondiam aos propósitos políticos de seus criadores. No entanto, ainda que os objetivos políticos do grupo tenham sido derrotados, o mesmo não se pode afirmar acerca da capacidade que essas categorias tinham ou ainda têm de explicar a realidade brasileira. Mesmo assim, depois da derrota política do grupo, suas categorias de análise

---

11. Investigar quem denominou o grupo como "corrente radical da teoria da dependência" será um dos objetivos do estudo. Suponho que Agustín Cueva teve um papel importante para a consolidação dessa denominação ao iniciar uma polêmica com o grupo, publicada no livro *Teoria social y procesos políticos en América Latina*, de 1979. Ao mesmo tempo, proponho-me a explicar por que quando eles mesmos passaram a se denominar como "radicais" em artigos, entrevistas etc. Ainda é bom ressaltar outras denominações atribuídas por outros oponentes, que serão examinadas ao longo da trajetória do grupo.

12. Fernando Henrique Cardoso e Enzo Falleto foram considerados os fundadores da teoria da dependência a partir da divulgação do livro *Dependência e desenvolvimento na América Latina*, em 1970.

foram menosprezadas e, às vezes, substituídas por outros termos e conceitos, em geral, eufemismos.

A minha hipótese é que as definições atribuídas ou autoatribuídas ao grupo obscureceram principalmente a profundidade do latino-americanismo desses autores, que foram mais capazes do que outros intelectuais da mesma época, de pensar além do âmbito do Estado nacional, ao passo que seus oponentes quiseram reafirmar a ideia de um Brasil diferente dos vizinhos, mais potente e com maior capacidade de superar a dependência que os demais e, sobretudo, sem eles.[13] O que os tornou latino-americanistas não foi apenas o périplo latino-americano (isso, muitos outros fizeram também), mas as influências teóricas e as posições políticas, entre outros fatores que serão analisados ao longo deste livro.

A hegemonia das teorias do desenvolvimento

A repulsão de André Gunder Frank à teoria da Escola de Chicago ajuda a explicar, em grande medida, suas convicções teóricas e políticas posteriores. Conforme ele mesmo aclarava no prefácio de seu livro de 1965: *"Mis propias circunstancias sociales e intelectuales son las de la clase media norteamericana, y mi formación profesional la de la más reaccionaria de la burguesía de los Estados Unidos"* (1965:7). As "circunstâncias sociais e intelectuais" a que Gunder Frank se refere estão relacionadas à sua formação como economista na Universidade de Chicago.

---

13. Um exemplo dessa derrota e de como prevaleceu a ideia de "Brasil Potência" foi a política externa do governo Fernando Henrique Cardoso, que procurava situar o Brasil como potência regional, afastada do discurso terceiro-mundista e almejando proeminência global por meio da liderança na região e da aproximação com os países desenvolvidos.

O termo Escola de Chicago foi concebido na década de 1950 para se referir a um grupo de professores que lecionava no departamento de economia e que defendia o liberalismo e as teses monetaristas. Eram críticos do keynesianismo e da intervenção do Estado na economia. Para um dos seus mais destacados representantes, Milton Friedman, a crise de 1929 havia sido provocada pelo excesso de interferência estatal na economia e não pela sua escassez. Além de Friedman, outros renomados economistas em Chicago, como George Stigler e Friedrich Hayek, defendiam a economia de mercado e a livre-iniciativa. Mas nem todos os economistas da Universidade de Chicago comungavam as crenças de Friedman. Menos da metade dos integrantes do departamento de economia estava de acordo com essas teorias. Nos anos 1960, havia um intenso debate entre liberais e defensores do controle estatal da economia e entre monetaristas e fiscalistas.

O laboratório das ideias liberais foi o Chile governado por Augusto Pinochet. No início dos anos 1970, Friedman foi a Santiago e muitas de suas concepções foram adotadas naquele país, como base da administração econômica da ditadura. Alguns de seus ex-alunos na pós-graduação do curso de economia da Universidade de Chicago, os *Chicago Boys*,[14] ocuparam importantes ministérios no governo Pinochet. Essas teorias foram, posteriormente, utilizadas por Margaret Thatcher, na Inglaterra, e por Ronald Reagan, nos Estados Unidos. O fundamentalismo do livre mercado serviu também como receita para países em dificuldades econômicas, conforme expressado pelo Consenso de Washington (1989).

---

14. *Chicago Boys* foi o nome dado a um grupo de aproximadamente 25 economistas chilenos que trabalharam no governo Augusto Pinochet. Foram os pioneiros do pensamento neoliberal, antecipando no Chile, em quase uma década, medidas que só mais tarde seriam adotadas por Thatcher, na Inglaterra. A maioria desses economistas recebeu instrução econômica básica na escola de economia da Pontifícia Universidade Católica do Chile e foi, mais tarde, estudante de pós-graduação na Universidade de Chicago.

As ideias liberais de Friedman tiveram aplicação prática apenas a partir de 1970 no Chile, de modo mais contundente nos anos 1980 na Inglaterra e nos Estados Unidos e depois já no final dos anos 1980 e início dos 1990, nos países latino-americanos recém-saídos de ditaduras. No entanto, desde o final da II Guerra Mundial, já emergira das conferências de Bretton Woods[15] a ideia de uma estabilidade monetária internacional assegurada por organizações como o Banco Mundial (1944) e o Fundo Monetário Internacional (1945). Considerando desastrosos os efeitos dos controles estatais sugeridos pela teoria keynesiana nos anos 1930, os planificadores de Bretton Woods tendiam a favorecer um sistema liberal, baseado nas flutuações do mercado, com um mínimo de barreiras ao fluxo do comércio e à movimentação dos capitais privados.

Para a América Latina, isso significava o monitoramento do Fundo Monetário Internacional (FMI) e a implantação de seus numerosos "programas de ajustes estruturais" em harmonia com as políticas de crédito do Banco Mundial (BM), a fim de evitar que os desequilíbrios nos balanços de pagamentos e nos sistemas cambiais dos países menos desenvolvidos pudessem prejudicar a expansão do comércio e dos fluxos de capitais internacionais.

Paralelamente ao ainda tímido assédio do neoliberalismo, o período pós-II Guerra Mundial foi marcado pela emergência das teorias do desenvolvimento e da modernização. Do ponto de vista econômico, o contexto mundial da época notabilizou-se pela expansão do capitalismo, forte crescimento e recuperação econômica, exemplificados pelos processos de reconstrução da Europa, por meio do Plano Marshall, pelo milagre japonês, pelos 30 anos gloriosos da

---

15. As conferências de Bretton Woods, realizadas em 1944, definiram o sistema de gerenciamento econômico internacional, estabelecendo regras para as relações comerciais e financeiras entre os países mais industrializados do mundo. O sistema Bretton Woods pretendia definir uma ordem monetária totalmente negociada, com o objetivo de governar as relações monetárias entre Nações-Estado independentes.

França, pela época dourada da estabilização mexicana e pelo salto adiante da industrialização brasileira.

O intelectual que exerceu maior influência no campo do desenvolvimentismo foi Walt Whitman Rostow, cuja obra *As etapas do crescimento econômico. Um manifesto não comunista*, de 1960, teve um grande impacto no pensamento econômico brasileiro e latino-americano. O contexto pós-II Guerra Mundial foi altamente favorável à constituição do desenvolvimentismo como ideologia,[16] e Rostow um dos principais artífices da chamada teoria do desenvolvimento.

Em Chicago, os economistas liderados por Friedman defendiam o liberalismo, considerando-o um passo adiante da nova expansão capitalista e fundamental para quando o fluxo de capitais começasse a encontrar barreiras nacionais para sua ampliação. Enquanto isso, nos países latino-americanos, africanos e asiáticos, para o mundo periférico em geral, era atraente se apropriar das teses de Rostow acerca do desenvolvimento. Segundo Ribeiro (2008:26): "Não se pensava o redesenho do poder no mundo apenas no sentido da reconstrução das áreas devastadas pela guerra e da redefinição da soberania dos países diretamente envolvidos. Mas também e até principalmente no sentido da expansão capitalista para novas áreas, especialmente para o chamado 'terceiro mundo'".

A expansão econômica, ou o desenvolvimento das áreas periféricas, era, além do mais, um dos critérios para a garantia da contenção do comunismo. O programa da Aliança para o Progresso, por exemplo, tinha um caráter simultaneamente modernizador, de controle social e de propaganda anticomunista.[17]

---

16. Flavio Diniz Ribeiro (2008:22-23), na tese sobre W. W. Rostow, defende a ideia de que "a concepção norte-americana de guerra fria constitui fundamentalmente uma estratégia político-econômica de expansão capitalista". Para ele, o governo Truman começava a executar uma política de desenvolvimento que aliava a expansão capitalista à segurança nacional.
17. Ver Vicente Gil da Silva em *A Aliança para o Progresso no Brasil: de propaganda anticomunista a instrumento de intervenção política (1961-1964)* (2008).

Rostow sugeria que todos os países passariam por cinco etapas de desenvolvimento econômico, sendo a primeira etapa descrita como a de uma sociedade pré-moderna ou tradicional; a segunda, aquela em que se criariam as condições para uma arrancada rumo ao desenvolvimento; a terceira, a da arrancada (*take off*) para o desenvolvimento; a quarta, a fase da maturidade; e, finalmente, a quinta, quando ocorreria a constituição de uma sociedade de consumo de massa.[18]

Atraídos pela possibilidade de crescimento econômico análogo aos padrões dos países mais ricos do mundo, os intelectuais do mundo periférico, e os brasileiros em particular, passaram a preparar projetos, erigir instituições, elaborar estratégias e propor políticas de encaminhamento em prol do desenvolvimento, influenciados pelas ideias de constituição das condições para a arrancada (*take off*) mencionada por Rostow. Além do contexto internacional favorável à expansão do capitalismo no pós-guerra, a industrialização, impulsionada pela substituição de importações, fazia crer que o país era capaz de atingir o patamar de crescimento dos países centrais do capitalismo. O contexto intelectual dos países latino-americanos, "dada esta situación de periferia y de semi-periferia del mundo capitalista" e "de excepcional receptividad y de enorme cosmopolitismo cultural" (Aguirre Rojas, 2001:77), ajuda a explicar a adesão dos intelectuais às teses de Rostow e também esclarece o apoio ao tema do desenvolvimentismo e a ilusão de atingir o patamar dos países centrais do capitalismo.

Quando Gunder Frank chegou ao Brasil, contrariado com os economistas responsáveis por boa parte de sua formação na Escola de Chicago, encontrou ao menos três ricas vertentes de pensamento

---

Quanto ao caráter *modernizador* da AP, Vicente Gil da Silva enfatiza a questão da modernização e do treinamento das Forças Armadas brasileiras.
18. Ver Ribeiro (2008:260-264).

econômico: o socialismo, o neoliberalismo e o desenvolvimentismo, sendo que as duas últimas formulavam diferentes propostas para o desenvolvimento capitalista no país. Segundo Ricardo Bielschowsky (2000:37), o pensamento neoliberal vigorou no Brasil entre 1930 e 1964 (período ao qual se refere sua pesquisa) e disputou com o pensamento desenvolvimentista a formulação das políticas econômicas: "A corrente neoliberal foi, juntamente com a desenvolvimentista nacionalista, a mais importante expressão do pensamento econômico brasileiro no período estudado. Foi sempre uma ativa participante do debate, seja como formuladora de políticas econômicas criticadas pelos desenvolvimentistas, seja como formuladora de críticas às proposições destes últimos".

Porém, enquanto o neoliberalismo no Brasil, ao menos até 1964, ficava apenas no plano das formulações teóricas, o pensamento desenvolvimentista emanava diretamente das políticas públicas. Entre o primeiro mandato de Getúlio Vargas e o governo João Goulart, com exceção do governo Eurico Gaspar Dutra,[19] o desenvolvimentismo constituiu-se a ideologia dominante no Estado brasileiro.

Ao mesmo tempo em que no Brasil ocorria a disputa entre essas duas vertentes pela determinação dos rumos do desenvolvimento capitalista no país, a trajetória intelectual de André Gunder Frank afastou-o de ambas as correntes de pensamento. Frank teve uma formação keynesiana na graduação em economia na Pensilvânia, mas, na Universidade de Chicago, entrou em contato com o neoliberalismo e "rebelou-se contra seu tutor monetarista, Milton Friedman, e também contra todo pensamento desenvolvimentista de origem norte-americana. Rejeitou

---

19. O governo Eurico Gaspar Dutra constituiu um interregno liberal entre governantes populistas, defensores do desenvolvimento autônomo do capitalismo e do nacionalismo econômico. Ver Bielschowsky (2000: cap. 4).

os cânones econômicos a favor da fórmula 'equidade antes da eficiência', enfatizando os fatores sociais e políticos" (Gills, 2005).[20]

Gunder Frank concluiu o doutorado em 1957 em Chicago e, três anos mais tarde, visitou Cuba, Gana e Guiné. Em Cuba, conheceu o regime de Fidel Castro, que recém-iniciava sua luta contra o imperialismo, e nos dois países africanos entrou em contato com o processo de descolonização, que resultou na independência de Gana, em 1957, e da Guiné, em 1958. Coincide com o período em que Ruy Mauro Marini realizava estudos na França, entre 1958 e 1960, e entrava em contato com jovens militantes argelinos, cambojanos, vietnamitas e com os que provinham das colônias da África negra. É provável que a luta pela independência tenha sido um estímulo à posição de esquerda, à defesa dos menos favorecidos, mas o mais importante para ambos parece ter sido perceber a falácia das teorias do desenvolvimento e da modernização que emanavam do governo dos Estados Unidos e da própria França.[21]

Em 1962, quando Gunder Frank chegou à Universidade de Brasília para assumir um cargo de professor de antropologia, as ideias desenvolvimentistas eram predominantes nos ambientes acadêmicos e intelectuais. Alguns célebres economistas brasileiros faziam parte

---

20. "[...] *he had rebelled against his monetarist tutor Milton Friedman, and indeed against all development thinking of US origin. He rejected mainstream economics in favour of an "equity before efficiency" approach, focusing on the importance of social and political factors.*"
21. Nas "Memórias de Marini" está evidenciado seu sentimento ao conhecer os militantes da independência africana e asiática na França: "As teorias do desenvolvimento, em voga nos Estados Unidos e nos centros europeus, se me revelaram, então, como o que realmente eram: instrumento de mistificação e domesticação dos povos oprimidos do Terceiro Mundo e arma com a qual o imperialismo buscava fazer frente aos problemas criados no após-guerra pela descolonização" (1990:4-5).

da Comissão Econômica para América Latina (Cepal),[22] sendo o mais destacado deles Celso Furtado, que dedicou sua vida a pensar em projetos de desenvolvimento para a América Latina e o Brasil. Outra instituição destinada a pensar o tema era o Instituto Superior de Estudos Brasileiros (Iseb).[23] As duas instituições, Cepal e Iseb, abrigavam intelectuais fortemente respeitados no Brasil e tiveram sua fundação vinculada à

---

22. A Comissão Econômica para América Latina (Cepal) foi fundada em 1949. A economia política da Cepal foi expressa pela primeira vez em um estudo publicado em Nova York, Economic survey of Latin America. Nasceu para explicar a natureza do processo de industrialização que eclodira entre 1914 e 1945 e analisar os problemas e desequilíbrios desse processo em países periféricos. Uma das premissas da Cepal era a ideia de que a industrialização era o único caminho contra a miséria e a dependência em relação aos centros mundiais do capitalismo.

23. O Iseb foi fruto de uma época de criação de espaços para estudar e interpretar o Brasil. Primeiramente surgiu o Grupo de Itatiaia, intelectuais cariocas que propuseram ao ministro da educação do governo Vargas, Cândido Mota Filho, a formação de um centro de estudos brasileiros, por volta de 1953. Sob esse estímulo, foi criado o Instituto Brasileiro de Economia, Sociologia e Política (Ibesp), que teve existência precária. Em 1955, foi substituído pela criação, por decreto presidencial, de uma "instituição de projeção nacional e juridicamente melhor definida", o Instituto Superior de Estudos Brasileiros (Iseb). O regulamento que criou o instituto determinava que ele era "um centro permanente de altos estudos políticos e sociais de nível pós-universitário que tem por finalidade o estudo, o ensino e a divulgação das ciências sociais [...] especialmente para o fim de aplicar as categorias e os dados dessas ciências à análise e à compreensão crítica da realidade brasileira visando à elaboração de instrumentos teóricos que permitam o incentivo e a promoção do desenvolvimento nacional". O Iseb reunia intelectuais com perspectivas políticas e ideológicas diferentes, mas que convergiam na necessidade de formular um projeto para o futuro da sociedade brasileira. O nacional-desenvolvimentismo foi concebido como prática capaz de levar o Brasil a superar o atraso e a dependência. Nomes como Cândido Mendes, Nelson Werneck Sodré, Álvaro Vieira Pinto, Alberto Guerreiro Ramos e Hélio Jaguaribe formavam parte do instituto. Para mais informações sobre o Iseb, ver Toledo (1977).

ideia de que o país podia atingir um patamar de expansão capitalista semelhante ao dos países hegemônicos. Além desses dois centros de debates e estudos sobre a realidade latino-americana e brasileira, o Partido Comunista Brasileiro (PCB) também participava das discussões, por meio de seus intelectuais, que elaboravam informes, teses, relatórios e produziam artigos em revistas e jornais para debater os problemas brasileiros.[24] Entre os intelectuais do PCB, os mais destacados nesse debate eram Caio Prado Jr., Nelson Werneck Sodré, Alberto Passos Guimarães, entre outros, muitos dos quais participavam simultaneamente do PCB, do Iseb e da Cepal. Na mesma época, em 1962, foi criado o Instituto Latino-americano e do Caribe de Planificação Econômica e Social (Ilpes), vinculado à Cepal, onde predominavam sociólogos e cientistas políticos que pretendiam apoiar os governos e elaborar estratégias destinadas a alcançar o desenvolvimento.[25] Foi criado também o Centro Brasileiro de Análise e Planejamento (Cebrap), em 1969, por um grupo de professores universitários paulistas, oriundos principalmente da USP, alguns remanescentes do grupo de leituras de *O capital*, provenientes das

---

24. Entre os veículos que divulgavam ideias e debates do PCB na época estavam a *Revista Brasiliense*, fundada por Caio Prado Jr. Sem se constituir como órgão de imprensa oficial do partido, ela funcionava como amplificador dos debates internos e divulgação das ideias para o grande público. A revista *Estudos Sociais* foi criada pela direção nacional do PCB em maio-junho de 1958 e tinha como objetivo estimular o debate teórico sobre os problemas brasileiros. Um ano depois, surgiu a revista *Novos Rumos*, semanário igualmente responsável por difundir as ideias comunistas. Todas as revistas mencionadas foram fechadas em 1964 pelos militares golpistas.

25. No site do Ilpes é evidenciado o objetivo principal da instituição: "*...apoyo a los gobiernos en el diseño y perfeccionamiento de estructuras institucionales orientadas, con visión de largo plazo, al desarrollo económico y social*" ou "*...el fin de apoyar a los Gobiernos de la región en el campo de la planificación y gestión pública, mediante la prestación de servicios de capacitación, asesoría e investigación.*", Acesso em: 24 ago. 2009.

áreas de sociologia, ciência política, história, antropologia e direito, muitos dos quais haviam sido expurgados da universidade pelo regime militar implantado em 1964.[26]

As instituições voltadas mais fortemente para o tema do desenvolvimento eram a Cepal, o Iseb, o Ilpes e o Cebrap. Os intelectuais do PCB, embora também disputassem a concepção do desenvolvimento brasileiro com as demais correntes de pensamento da época, se diferenciavam no tocante às "finalidades" de seus diagnósticos e propostas. Segundo Bielschowsky (2000:34), "os socialistas também eram, em certo sentido, desenvolvimentistas, porque defendiam a industrialização e a intervenção estatal. Eram também os mais radicais

---

26. Nos discursos comemorativos dos 40 anos do centro, em junho de 2009, fica claro o objetivo inicial de abrigar intelectuais expurgados da universidade e manter o debate e a pesquisa social aplicada sobre os problemas brasileiros, mas também sobressai uma polêmica em relação à segurança de uma instituição como essa durante o regime militar (o Iseb, por exemplo, foi extinto por decreto pela ditadura três dias depois do golpe). Nas comemorações, foi revelado, em primeiro lugar, que o financiamento necessário à implantação do centro foi obtido graças aos contatos de Fernando Henrique Cardoso com a Fundação Ford. Outra revelação importante foi feita pela demógrafa Elza Berquó: "O Fernando Henrique, pela sua familiaridade, pelo fato de ter tido pai militar, avô militar, dialogou sempre com muita leveza e com muito trânsito. Com o Golbery [do Couto e Silva, principal assessor do presidente Ernesto Geisel, 1974-1979], por exemplo, ele conversava toda vez que havia alguma coisa mais forte contra o Cebrap". FHC negou ter conversado com Golbery sobre o Cebrap, mas admitiu ter conversado com um assessor do general. Mas, talvez, a declaração mais importante dos festejos tenha sido dada pelo professor de filosofia Marcos Nobre, pesquisador do Cebrap, que, ao elogiar a geração fundadora por sua "decisão corajosa", observou: "É muito diferente |a decisão| daquelas feitas por outros grupos políticos, que respondiam à radicalização do regime com igual radicalização." Porém, Nobre reconhece o motivo que permitia aos cebrapianos negociar: "Afirma que o tipo de negociação levado à frente pelos intelectuais que fundaram o instituto era possível também por seu pertencimento à elite do país. As relações pessoais, ele diz, serviram de forma geral para processos de negociação ao longo da ditadura" (Cariello, 2009).

dentre os nacionalistas. Seu projeto básico não era, contudo, pura e simplesmente a industrialização, mas a transição para o socialismo."..

Para os intelectuais brasileiros da época, fossem ou não marxistas, o desenvolvimento era um objetivo a ser alcançado, uma condição para atingir outras etapas, sanar os principais problemas do país e passar para a fase seguinte, da expansão capitalista sustentável ou do socialismo, livre das sequelas de relações sociais pré-capitalistas, conforme a ideologia defendida por cada corrente de pensamento. Significa que o desenvolvimento era considerado uma etapa específica do desenvolvimento histórico do Brasil, que o país teria de atingir, correndo o risco de não conseguir dar outros passos.

Naquele contexto histórico, duas questões perpassavam o tema do desenvolvimento: a questão econômica propriamente dita, que dizia respeito à capacidade de o país atingir um patamar de expansão capitalista semelhante aos países hegemônicos; e a questão política, relativa à adesão ou rejeição aos governos populistas.

A questão econômica era discutida com base em diagnósticos das atividades produtivas, da circulação das mercadorias e das formas de financiamento da produção, mas, sobretudo, com base em pressupostos históricos. Cada intelectual envolvido no debate se preocupava em estudar as bases econômicas da formação colonial brasileira para apontar soluções compatíveis com as projeções que desenhavam para o futuro.

No que diz respeito à questão política, as discussões giravam em torno do populismo e da capacidade, habilidade ou aptidão dos governantes em levar adiante aquelas soluções econômicas projetadas pelos intelectuais. Por isso, o debate político dos intelectuais brasileiros se caracterizava pelas tentativas de conceituar o populismo e pela consequente adesão ou rejeição ao regime.

Celso Furtado, por exemplo, um dos mais destacados intelectuais cepalinos, considerava que o desenvolvimento semelhante aos países hegemônicos era uma possibilidade aberta pela industrialização. Os economistas da Cepal tinham como fundamento teórico o dualismo estrutural,[27] identificavam a coexistência de estruturas pré-capitalistas e capitalistas na mesma sociedade; acreditavam que o subdesenvolvimento era uma *forma de organização* dentro do sistema capitalista, não podendo ser considerado uma etapa para o desenvolvimento. Assim, rompiam com a teoria clássica e liberal a respeito do comércio internacional, que procurava evidenciar vantagens comparativas na especialização produtiva dos países que compunham o sistema capitalista. Para Furtado, entretanto, a economia mundial estava organizada como sistema centro-periferia, arranjo que impedia o desenvolvimento da periferia. Por isso, do ponto de vista político, ele e os demais cepalinos eram fortemente favoráveis à direção da economia pelo Estado e recomendavam uma intervenção que redirecionasse o excedente econômico da esfera do consumo para a esfera da atividade produtiva (leia-se indústria de bens de produção). Furtado participou ativamente da política[28] e atribuía aos

---

27. A tese do dualismo estrutural tem origem em análises oriundas da sociologia norte-americana e é definida como a coexistência de setores pré-capitalistas e capitalistas que se dedicam a linhas de produção semelhantes. Refere-se a "sociedades constituídas por dois "conjuntos" opostos, fortemente diferenciados e em grande medida incompatíveis e incomunicáveis: um arcaico e outro moderno" (Medeiros, 1994:82). Segundo Ernesto Laclau, "a ideia de uma sociedade dotada de estruturas duais tem longa tradição na América Latina" [...] "os porta-vozes do pensamento liberal criaram uma mitologia segundo a qual tudo o que fosse colonial identificava-se com a estagnação, e tudo o que provinha da Europa, com o progresso: nesta imagem maniqueísta de dialética histórica, a coexistência entre os dois segmentos da sociedade tornava-se impossível" (Laclau, 1978:25).

28. Como presidente de uma comissão mista Cepal-BNDE, Celso Furtado elaborou o *Esboço de um programa de desenvolvimento para a economia brasileira no período de 1955 a 1960*, que serviu de base para a elaboração do Plano de Metas. Participou, em 1959, da criação da Superintendência de Desenvolvimento do Nordeste (Sudene). Mais tarde, em 1962, atuando como ministro do planejamento do governo João Goulart, elaborou o Plano Trienal.

governantes populistas a capacidade de direcionar a economia brasileira para a construção de um capitalismo autônomo e nacionalista. No Iseb, os principais debates giravam também em torno da autonomia e do nacionalismo, mas o instituto abrigava intelectuais de várias posições políticas ou teóricas, e mesmo o nacionalismo econômico não era consenso. Por trás de formulações teóricas, como ideologia global/ideologia parcial, nacionalismo de fins/nacionalismo de meios, entre outras, se ocultava uma polêmica em torno da capacidade do populismo de responder ao anseio desenvolvimentista e travava-se, ao mesmo tempo, uma disputa acerca da caracterização do conceito.

O livro *O nacionalismo na atualidade brasileira*, de Hélio Jaguaribe, publicado em 1958, provocou a polêmica. Defendia que, para atingir o desenvolvimento, deveriam ser utilizados "todos os meios apropriados para a realização de tal finalidade, seja qual for a origem dos agentes, desde que, nas condições concretas, se revelem os mais eficazes" (Toledo, 1977:35). Além de Jaguaribe, Cândido Mendes e Guerreiro Ramos também estavam comprometidos com a defesa do capital estrangeiro como *recurso tático* para alcançar o desenvolvimento. Alvo de críticas dos chamados nacionalistas ortodoxos, representados, sobretudo, por Nelson Werneck Sodré e Álvaro Vieira Pinto, os "nacionalistas de meios" achavam que o populismo representava os "setores estagnados e decadentes" das classes dominantes brasileiras e um "fenômeno típico de estruturas coloniais, onde as estruturas sociais não se recortaram nitidamente em classes" (Mendes, 1960:36). Em 1965, Francisco Corrêa Weffort publicou um artigo intitulado *Política de massas*, no qual reiterava a versão segundo a qual "o populismo, por sua ausência de ideologia, é sempre entendido como um obstáculo de natureza política ao pleno desencadear do desenvolvimento nacional. À 'política ideológica', expressão utilizada por Jaguaribe, Cândido Mendes e Guerreiro

Ramos para designar o comando eficiente do processo, comandada pelos setores progressistas ou produtivos, caberia, pois, eliminar de vez as manifestações ainda 'recessivas' representadas pelo populismo" (Toledo, 1977:141).

O que estava em jogo nessas discussões a respeito do populismo eram "diferentes concepções acerca dos grupos que integram a aliança de classes no processo de desenvolvimento" (Toledo, 1977:140). Para intelectuais como Hélio Jaguaribe, Juscelino Kubitschek[29] representava os setores progressistas da burguesia industrial, porque identificava nas inversões estrangeiras no Brasil, particularmente na indústria automobilística, um meio eficaz de atingir o desenvolvimento. Já o grupo de nacionalistas ortodoxos, como Vieira Pinto e Nelson Werneck Sodré, denunciava "o caráter mistificador dos propagandistas do capital estrangeiro" (Toledo, 1977:150). Os intelectuais assim identificados consideravam a inversão estrangeira um óbice ao desenvolvimento autônomo e defendiam o nacionalismo tal como fora desencadeado pela campanha do *Petróleo é Nosso*, durante o governo Vargas, e pelas *reformas de base*, do governo João Goulart. Enquanto os primeiros defendiam a projeção da burguesia industrial em associação com os capitais internacionais, os outros aprovavam a aproximação dos governantes com o movimento sindical e os partidos de esquerda.

Esse debate intelectual sobre o caráter do nacionalismo também refletia os diferentes projetos econômicos de desenvolvimento capi-

---

29. Os intelectuais do Iseb não tinham pleno acordo a respeito do governo de Juscelino Kubitschek. A partir de 1958, apareceram com maior nitidez a heterogeneidade do grupo e as diferenças ideológicas entre seus membros. A luta interna referia-se à suposta contradição entre a proposta de desenvolvimento do Iseb e a política que estava sendo levada a cabo pelo então presidente Juscelino Kubitschek. Enquanto alguns intelectuais defendiam a radicalização do nacionalismo, outros aceitavam uma maior participação do capital estrangeiro no desenvolvimento, como definida na proposta do governo.

talista propugnados pelas classes dominantes brasileiras, marcados pela oposição entre os nacionalistas ortodoxos e os desenvolvimentistas. As primeiras contendas desses grupos contrastantes foram travadas nessa época, estenderam-se até depois da ditadura militar, ao longo do período de retorno dos exilados e ainda hoje é objeto de divergências intelectuais e políticas.

Desgastado com o debate entre keynesianos e liberais, quando chegou ao Brasil, Gunder Frank encontrou o país focado no desenvolvimento, mas polarizado em relação às estratégias. O engajamento político dos intelectuais brasileiros surpreendeu o alemão, que passou a estudar o tema do desenvolvimento latino-americano, de seus agentes e dos obstáculos a ele interpostos pela estrutura social, econômica e política dos países periféricos. Ele relata assim seu estranhamento com aquele ambiente: "*Yo era fundamentalmente un irresponsable, un intelectual esquizofrénico: mantenia separadas mis opiniones y mi labor intelectual o profesional, aceptando las teorías científicas más o menos como me eran entregadas y formando mis critérios políticos en respuesta al sentimiento que los hechos aislados me inspiraban. Como muchos de mis colegas, yo era un liberal.*" (Gunder Frank, 1965:8)

Os debates no interior do PCB acerca das relações sociais, da *Revolução Brasileira* e do papel do imperialismo no desenvolvimento econômico do Brasil também faziam parte do contexto intelectual da época e os textos dos principais teóricos comunistas exerceram alguma influência no grupo de Brasília.

O PCB: entre o desenvolvimento e a *Revolução Brasileira*

Mesmo antes da fundação do PCB, em 1922, os comunistas brasileiros desempenhavam papel importante na elaboração de diagnósticos sobre os problemas nacionais e na formulação de projetos para a resolução dessas dificuldades, por meio de jornais e revistas que tinham imensos problemas de sustentação.[30] Intelectuais e militantes como Otávio Brandão, Astrogildo Pereira e Luís Carlos Prestes, entre outros, foram responsáveis pela difusão do marxismo, tradução de clássicos, divulgação das orientações do Komintern etc.

Mas foi no imediato pós-II Guerra Mundial que os comunistas brasileiros disputaram efetivamente um lugar de destaque na construção das interpretações sobre os problemas do país e suas soluções. A partir dos anos 1950, a "hegemonia cultural da esquerda" esteve vinculada diretamente à ação do PCB (Moraes, 1995:74). Ao procurar fundamentar a ação política na elaboração teórica racional, os comunistas passaram a disputar um lugar na plêiade de *intérpretes* que elaboravam as explicações acerca do Brasil. Segundo Moraes (1995:75), o enraizamento do marxismo foi tão profundo "na inteligência brasileira, de 1945 em diante [...] que resistiria, um quarto de século depois, ao obscurantismo cultural da ditadura militar". Para Roio (2000:85), depois de 1956-1957, com as revelações do relatório Khrushchov, "a cultura política da esquerda brasileira passou por uma renovação criativa que teve como resultado uma inserção muito maior, não só do PCB, na luta política em curso, como também a difusão do marxismo e uma melhor compreensão da realidade do país".

O principal debate do PCB girou em torno dos afamados "restos feudais". Nelson Werneck Sodré, "o autor mais identificado com a orientação política do PCB no período" (Roio, 2000:86), defendia a coexistência do escravismo e do feudalismo no Brasil, onde o primeiro representava o sistema mais avançado e o segundo, a regressão. Por isso, considerava que a *Revolução Brasileira*[31]

---

30. Marcos del Roio cita a revista mensal *Movimento Comunista* (2003:89) e atribui a ela um "importante papel na construção do PCB, na difusão do programa da IC e no debate sobre a Revolução Russa".

31. *Revolução Brasileira* foi o termo usualmente utilizado para designar o processo de transformações sociais, econômicas e políticas pelos quais o país deveria passar para atingir o desenvolvimento pleno do capitalismo e a consolidação

deveria ser inapelavelmente burguesa. Considerava possível que uma parte da burguesia brasileira, apoiada no interesse nacional, estivesse disposta a comandar o processo revolucionário anti-imperialista e antifeudal, conquanto, para ele, as forças que obstaculizavam o desenvolvimento eram o latifúndio e sua articulação com o imperialismo.

O oponente teórico de Nelson Werneck Sodré foi Caio Prado Jr., membro e crítico militante do PCB, cuja obra histórica defendia uma essência mercantil capitalista como característica básica de nossa formação econômico-social, presente desde o início da colonização. Caio Prado Jr. não concordava com a existência de um feudalismo ou com a necessidade de eliminação de "restos feudais", bem como, e por consequência, não admitia falar em revolução burguesa ou na existência de uma burguesia nacional capaz de se contrapor ao imperialismo.

Com justa razão, a historiografia brasileira que estuda as teses do marxismo dos anos 1950-1960 se deteve nessa polêmica entre os caracteres feudais ou capitalistas da formação econômico-social e sobre o caráter das relações de produção agropastoris.[32] Esse debate indicava, segundo cada ótica teórica, os sujeitos ou agentes sociais da *Revolução Brasileira* e foi, por isso, considerado de suma importância pela historiografia.

---

da burguesia como classe dominante, com a eliminação dos resquícios feudais para aqueles que preconizavam a existência de "restos feudais". O termo também era usado para designar transformações que levassem ao socialismo para aqueles que entendiam o Brasil como sociedade plenamente integrada no modo de produção capitalista.

32. As obras, a militância e a qualidade das teses de Caio Prado Jr. e Nelson Werneck Sodré tiveram grande impacto sobre a intelectualidade brasileira e foram exploradas pela historiografia, tendo ainda muito a ser debatida. Entre os autores mais atuais que discutem a polêmica feudalismo *X* capitalismo estão Quartim de Moraes (1995) e Marcos Del Roio (2000) e Ricardo Bielschowsky (2000).

Ressalto, entretanto, que o tema do imperialismo e a forma como era entendido nessas análises, apesar de obviamente correlato às discussões sobre o caráter das relações agropastoris, teve desdobramentos políticos e intelectuais mais problemáticos do que a questão das relações sociais propriamente ditas, e foi pouco estudado até o momento.

Contudo, o que interessa aqui não são as definições políticas dos autores marxistas brasileiros a respeito do imperialismo, que acabaram concordando com a necessidade de sua eliminação por parte do sujeito revolucionário, fosse ele a burguesia nacional ou o proletariado.

A definição econômica do imperialismo, inspirada pela tese leninista, vai além do ponto de vista de cada autor a respeito do caráter da revolução, dos obstáculos a ultrapassar ou dos sujeitos/agentes do processo. A discussão a respeito do papel econômico do imperialismo e a tentativa de sua conceituação revelam, sobretudo, a interpretação dos autores marxistas brasileiros a respeito dos rumos do desenvolvimento capitalista no país e demonstra, também, que os intelectuais do período, marxistas ou não, influenciados pelo predomínio das práticas econômicas desenvolvimentistas e pela hegemonia do discurso nacionalista, preocupavam-se, sobretudo, com o tema do desenvolvimento. E era nesse sentido, buscando entender o problema do desenvolvimento, que os intelectuais marxistas elaboraram suas teses a respeito do imperialismo.

Para Lenin (1979:98), "a principal base econômica do imperialismo é o monopólio. Este monopólio é capitalista, isto é, nasceu do capitalismo; e, nas condições gerais do capitalismo, da produção mercantil, da concorrência, ele está em contradição permanente e inevitável com estas condições gerais". Sua tese principal baseava-se, portanto, na ideia de que o monopólio, embora tivesse origem no próprio sistema, tinha uma "tendência para a estagnação e a decomposição" (Idem) e produzia um "extraordinário desenvolvimento [...] da camada dos rentistas, isto é, das pessoas [...] que são completamente estranhas à participação em qualquer ato de produção". Ainda afirmava que "a exportação de capitais, uma das bases econômicas essenciais do imperialismo, aumenta também o alheamento total, perante a produção da camada dos rentistas, e dá à totalidade do país, que vive da exportação do trabalho de alguns países e das colônias do ultramar, um cunho de parasitismo" (1979:99).

A tese leninista para o imperialismo supunha uma tendência do capitalismo ao estagnacionismo: "como monopólio que é, gera inevitavelmente uma tendência para a estagnação e a decomposição" (1979:98), mas Caio Prado Jr. considerava, por exemplo, diferentemente de Lenin, que o controle imperialista no Brasil não constituía um freio ao desenvolvimento econômico. No livro *A revolução brasileira*, Caio Prado Jr. (1966:184) ressalta que "a ação do imperialismo representou um grande impulso para a vida econômica brasileira [...] Esse estímulo e impulso econômico proporcionado pelo imperialismo reverteriam especialmente em benefício da burguesia em seu conjunto, pois lhe oferecem oportunidades e facilidades novas para suas atividades e seus negócios em proporções para ela completamente insuspeitadas no passado.".

No seguimento do texto, Caio Prado Jr. (1966:186-188) ressalta a boa acolhida que os investimentos imperialistas tiveram por parte da burguesia brasileira, por meio de suas manifestações em pronunciamentos coletivos classistas, além de destacar que "em nenhum outro período da história brasileira como nestes últimos vinte anos em que o capital imperialista literalmente submergiu a nossa economia, a burguesia progrediu mais em seus negócios e mais enriqueceu". O enriquecimento e o favorecimento da burguesia brasileira em função da inserção imperialista no país são os argumentos usados por ele para insistir no equívoco da tese do PCB, segundo a qual a burguesia brasileira poderia liderar uma aliança revolucionária anti-imperialista. Para ele, a burguesia não poderia ser anti-imperialista justamente por ter se beneficiado imensamente com o imperialismo.

Ao mesmo tempo em que procurava sepultar a ideia de uma possível aliança dos trabalhadores com a burguesia brasileira, Caio Prado Jr. (1966:191) admitia a existência de uma fração burguesa que dominava o aparelho de Estado, que denominou pejorativamente de "capitalismo burocrático", a constituir-se como uma "diferenciação no seio da burguesia", e cujo setor podia "permitir-se atitudes de aparente solidariedade com os trabalhadores" ou que "é levado a posições que, de certa forma e numa perspectiva imediata, se aproximam das tendências progressistas e populares da política brasileira" (1966:198). Situava nos terrenos do liberalismo econômico e do intervencionismo a "frontal divergência" (1966:199) entre os setores burgueses satisfeitos com o imperialismo e os ligados ao Estado, respectivamente.

Para ele, essa fração "burocrática" da burguesia brasileira não poderia ser jamais identificada como progressista e como possível aliada do proletariado. O objetivo de sua interpretação era atingir criticamente o populismo, iniciado, segundo sua ótica, desde o governo Vargas, em 1950. Caio Prado Jr. (1966:202-203) praticamente igualava "capital burocrático" aos governos populistas, acusando-os de corrupção, favoritismo a interesses privados e má administração, entre outras mazelas, além de acusar a aliança com a burguesia de ser responsável por "embaraçar e perturbar o processo de polarização das forças efetivamente revolucionárias, que [...] atadas como se encontravam ao capital burocrático, sem definição programática muito precisa [...] sucumbiram com o golpe, praticamente sem resistência".

Essa análise foi realizada depois do trágico desfecho do golpe civil-militar que derrubou a democracia e sepultou as esperanças de realização das transformações estruturais dentro dos marcos do imaginado "capitalismo autônomo brasileiro". Sua crítica ao capitalismo burocrático estava direcionada também ao governo João Goulart, por exemplo, cujas *reformas de base* pretendiam realizar parte das transformações que o PCB acreditava serem o início da *Revolução Brasileira*. Sua análise a respeito do imperialismo, entretanto, não se estendia à fração burocrática ou estatal do capitalismo brasileiro; ficava restrita à camada burguesa que havia fraternalmente acolhido a entrada de capital estrangeiro e que, segundo ele, tinha produzido estímulos à indústria e permitido o enriquecimento das classes altas.

Diversamente de Caio Prado Jr., que não admitia a existência de uma contradição entre imperialismo e burguesia brasileira, as análises de Nelson Werneck Sodré (1967:364-365) julgavam que "a contradição entre a burguesia e o imperialismo é um dado da realidade, não resulta do plano subjetivo. Decorre do processo que se desenvolve na luta pelo mercado interno, nesta fase: burguesia e imperialismo o disputam acirradamente, e cada vez mais acirradamente". Sodré prossegue exemplificando, histórica e empiricamente, os momentos de exacerbação da disputa entre a burguesia e o imperialismo e explicando que a burguesia podia, em muitos casos, fazer concessões ao capital estrangeiro, dependendo da "correlação de forças, a externa e a interna, e da conexão entre as diversas contradições que a envolvem". Decorre daí que identificava uma contradição entre as aspirações de desenvolvimento econômico da burguesia brasileira e a interferência direta do imperialismo, registrando quedas expressivas nas atividades produtivas, em função dessas contradições.

Em 1967, quando aparece a terceira edição do livro *Introdução à revolução brasileira*, Sodré (1967:231) insere um adendo, intitulado *Perspectivas*, em que sugere que "a luta pelas reformas era o meio principal de fazer avançar, no Brasil, o processo revolucionário. A conquista das reformas de estrutura correspondia à derrota do imperialismo, à emancipação nacional, ao desenvolvimento material do país". Nesse sentido, defendia o populismo, representado pelas *reformas de base*, de João Goulart, como interesse comum entre "a burguesia nacional e os trabalhadores do campo, englobando a pequena burguesia e o proletariado e o semiproletariado.". E, ao mesmo tempo, identificava o imperialismo como um obstáculo ao desenvolvimento material, o que equivale a dizer identificava o imperialismo com *"estagnação"*, da mesma forma que Lenin.

Quartim de Moraes (1995:80-81), ao analisar as diversas leituras políticas das análises de Nelson Werneck e de Caio Prado Jr., observa que "o fracasso da aliança do PCB com o governo João Goulart mostrou que a burguesia brasileira, numa situação de grave confronto político suscitado pelo avanço das forças de esquerda, preferiu o latifúndio, o imperialismo, o golpismo militar ao risco de perda de controle da dinâmica do processo em curso". Mas daí não se pode inferir "a inexistência de contradição entre os interesses do desenvolvimento econômico brasileiro e o imperialismo, nem, portanto, a impossibilidade de que, nos limites de suas posições de classe frações importantes da burguesia brasileira assumam a defesa do interesse nacional" (1995:81).

Esse debate político, sobre a capacidade ou o interesse da burguesia em liderar as transformações necessárias ao desenvolvimento autônomo do capitalismo brasileiro e conduzir o processo revolucionário, suplantou o debate econômico, sobre o papel do imperialismo na constituição de obstáculos ao desenvolvimento nacional, e predominou durante o restante dos anos 1960 e na década seguinte.

Em 1999, Caio Prado Jr. (1999:128) ainda procurou recuperar o debate econômico no texto *História e desenvolvimento*, recuando bastante da tese segundo a qual o imperialismo beneficiava e favorecia a burguesia brasileira e impulsionava o desenvolvimento: "A participação do capitalismo internacional na economia brasileira constitui assim um embaraço crescente à transformação da mesma economia e à sua libertação do seu passado colonial", referendando assim as teses *estagnacionistas* tais como haviam sido abordadas por Lenin, cepalinos e pecebistas mais ortodoxos.

A novidade e a diferença entre as análises precedentes e a interpretação dos intelectuais de Brasília é que as teses destes últimos procuravam inserir o Brasil no sistema capitalista mundial. Ao mesmo tempo, pretendiam superar os debates estratégicos e suplantar a tese da *estagnação*. Os autores do grupo de Brasília afirmavam que o desenvolvimento capitalista efetivamente ocorreria, mas sob a forma do subdesenvolvimento. A fórmula "desenvolvimento do subdesenvolvimento" captava muito bem essa dinâmica. Havia a percepção de que a industrialização na América Latina não apenas era possível, e que se completaria, como também era necessária ao centro do capitalismo e ajudava a reforçar o subdesenvolvimento das economias nacionais, no que ficou conhecida como a "nova dependência".

As análises realizadas por Gunder Frank, por exemplo, no livro de 1965, *Capitalismo y subdesarrollo en América Latina*, procuravam retomar a importância do debate acerca do imperialismo e da situação econômica concreta do Brasil. Era, segundo Emir Sader (2005:164), "a primeira versão alternativa à teoria cepalina [...] veio das teses de André Gunder Frank sobre 'o desenvolvimento do subdesenvolvimento', uma tentativa de reinterpretação dos destinos do capitalismo periférico à luz de sua inserção no sistema capitalista internacional, uma reatualização das teses clássicas da teoria do imperialismo dentro do marxismo".

A fórmula *desenvolvimento do subdesenvolvimento* resgatava a perversa dialética de nossa situação econômica, dividida entre níveis bastante avançados de capitalismo e a manutenção de estruturas econômicas desiguais, excludentes e subordinadas aos centros hegemônicos do capitalismo. Foi dos cursos de ciências humanas e sociais da UnB que partiram as primeiras teorias brasileiras ligadas ao "sistema-mundo capitalista".[33]

---

33. As teorias ligadas ao "sistema-mundo capitalista" tiveram origem na obra de Immanuel Wallerstein, *O sistema mundial moderno*, publicada em três volumes

Academia e militância: a UnB e a Polop na trajetória intelectual

Duas instituições, uma acadêmica e a outra política, marcaram o início da trajetória do grupo que se reuniu em Brasília a partir do início da década de 1960: a Universidade de Brasília (UnB), fundada em 1962, e a Organização Revolucionária Marxista-Política Operária (Polop), criada em 1961. Ambas as organizações tiveram como marca a novidade. A UnB foi a primeira universidade brasileira a inovar o currículo, enquanto a Polop foi o primeiro agrupamento a organizar-se como opção partidária ao PCB (Miranda e Tibúrcio, 1999:509).

Ruy Mauro Marini estudou na Escola Brasileira de Administração Pública da Fundação Getulio Vargas, no Rio de Janeiro, e depois, entre 1958 e 1960, cursou o Instituto de Estudos Políticos da Universidade de Paris, sendo convidado para lecionar na UnB em setembro de 1962. Theotônio dos Santos terminou a graduação em sociologia, política e administração pública na Faculdade de Economia da Universidade Federal de Minas Gerais (UFMG) em 1961 e, em 1962, também começou a lecionar na UnB. Vânia Bambirra chegou a Brasília em 1962, recém-formada em ciência política, para cursar o mestrado.

---

em 1974, 1980 e 1989. A ele reuniram-se historiadores, economistas e sociólogos críticos do neoliberalismo e estudiosos dos chamados "movimentos antissistêmicos". Entre os principais autores ligados às teses do sistema-mundo capitalista estão André Gunder Frank, Samir Amin, Giovanni Arrighi e Theotônio dos Santos. Os autores da teoria da dependência – sobretudo Theotônio e Frank – passaram a integrar o grupo de autores reconhecidos como membros dessa corrente de interpretação sem abandonar as teses sobre a dependência, já que o próprio Wallerstein valeu-se das análises sobre a dependência latino-americana para compor suas teses a respeito do centro, da periferia e da semiperiferia. Assim, Frank e Theotônio se filiaram e são reconhecidos como integrantes dessas análises, especialmente em seus escritos a partir da década de 1990.

Os três haviam militado no movimento estudantil em Minas Gerais e participaram da fundação da Polop. A renúncia de Jânio Quadros, em 1961, havia desencadeado uma intensa movimentação na esquerda brasileira, ambiente que foi se radicalizando cada vez mais até 1964. A hegemonia do Partido Trabalhista Brasileiro (PTB) e do PCB no campo das esquerdas[34] foi sendo questionada por organizações mais à esquerda e que acusavam os dois partidos de posições "reformistas e conciliadoras" (Daniel Aarão Reis, 2007:57). Desde 1959, circulava a revista *Movimento Socialista*, editada por Eric Sachs,[35] que procurava articular os grupos críticos ao PCB.

A Polop surgiu nessa conjuntura e teve origem em organizações dissidentes, espalhadas em alguns estados brasileiros: dos trabalhistas, dissidentes da *Mocidade Trabalhista*, de Minas Gerais, onde militavam Theotônio e Ruy Mauro Marini; da *Liga Socialista*, agrupamento paulista que reivindicava o pensamento de Rosa de Luxemburgo; dos dissidentes do PCB do Rio de Janeiro; e dos militantes da *Juventude Socialista*, do Partido Socialista Brasileiro (PSB), também do Rio, entre os quais o historiador Moniz Bandeira e o economista Paul Singer.

Nos três congressos da Polop, organizados entre 1961 e 1964, enfatizou-se a necessidade de radicalização das classes trabalhadoras

---

34. Essa hegemonia poderia ser constatada pelo encabeçamento de Luiz Carlos Prestes e João Goulart na lista dos cassados pelo primeiro ato da ditadura, representantes, respectivamente, do PCB e do PTB.

35. Eric Sachs era um judeu austríaco, que estivera próximo de Augusto Thalheimer, dirigente antistalinista do Partido Comunista Alemão, e do revolucionário russo Nicolai Bukharin, condenado à morte em 1937 por Stálin. Emigrou para o Brasil com a mãe, em 1939, para fugir do nazismo. Trabalhou como gráfico, militou nas organizações da categoria e foi jornalista. Sob os pseudônimos de Eurico Mondes, Eurico Linhares ou Ernesto Martins, seus textos foram lidos avidamente pelos militantes de esquerda no país e, durante pelo menos 25 anos, sustentaram uma das mais originais correntes da esquerda brasileira, a Polop.

brasileiras e proclamou-se como imperativa a superação das teses burguesas, do PTB, e reformistas, do PCB. Os encontros elaboraram o *Programa socialista para o Brasil*, em que se afirmava que o grau de evolução do capitalismo no país comportava e exigia transformações socialistas imediatas, sem qualquer etapa "nacional-democrática" (Relatório BNM, 1985:103).

A Polop teve pouca difusão nacional e penetrou mais nos meios universitários; "alcançava mais os círculos intelectuais e as organizações e partidos de esquerda do que as classes populares ou mesmo os operários" (Reis, 2007:58). Os operários eram, no entanto, o alvo da organização, que defendia a independência da classe trabalhadora diante dos partidos burgueses (PTB) ou daquele que propusesse aliança com a burguesia (PCB). Propugnava a necessidade de aliança entre os trabalhadores rurais e urbanos em um partido autônomo e com quadros próprios.

A acidez da crítica intelectual era consequência do impacto causado pela revelação do relatório Khrushchov e da necessidade de superar a conexão da esquerda brasileira com a União Soviética e, por outro lado, respondia à ascensão do movimento de massas no período imediatamente anterior ao golpe de 1964, exemplificada pelas Ligas Camponesas, pelo incremento do movimento operário e pela revolta dos sargentos.

Os jovens estudantes e professores da UnB militantes da Polop, leitores de *O capital*, influenciados por Marx, Lenin e Rosa de Luxemburgo, aspiravam estudar a teoria revolucionária para aplicação prática na empreitada de organizar a classe operária. Eles acreditavam, como Lenin, que o trabalho teórico era uma forma de luta, tão importante quanto as lutas econômica e política. O que eles pensavam e propunham no campo político-estratégico refletia os estudos teóricos que desenvolviam nos cursos de ciências humanas da universidade. Eram contrários ao reformismo do PCB, porque não concordavam com a tese segundo a qual existiam resquícios feudais a serem eliminados no Brasil, a exigir uma revolução burguesa capitalista. Também não admitiam que o subdesenvolvimento fosse resultado da herança pré-capitalista dos países latino-americanos.

André Gunder Frank, Ruy Mauro Marini, Theotônio dos Santos e Vânia Bambirra direcionaram seus estudos teóricos para o exame das atividades econômicas, com o intuito de provar o pleno estabelecimento das relações capitalistas de produção no Brasil (crítica à identificação dos traços feudais), a interdependência entre os setores "modernos" e "arcaicos" (crítica ao dualismo estrutural) e a inexistência de uma fase de subdesenvolvimento na trajetória do modo de produção capitalista (crítica ao estagnacionismo).

Os alvos da crítica desses intelectuais foram as teorias da modernização de Rostow, o pensamento nacional-desenvolvimentista da Cepal e o nacionalismo do Iseb, o reformismo comunista do PCB e o estagnacionismo, bem como as teses funcionalistas do pensamento da sociologia da USP. A maior parte da produção intelectual teórica desses autores, que será examinada mais adiante, foi desenvolvida no exílio, após o golpe civil-militar de 1964. O golpe de 1964 foi sistematicamente mencionado por eles para evidenciar os equívocos teóricos e político-estratégicos das correntes hegemônicas da esquerda brasileira, tanto a reformista do PCB quanto a fração nacionalista, desenvolvimentista e modernizadora do PTB, da Cepal e do Iseb.

A frutífera e intensa atividade na UnB deu lugar, depois de 1964, à desarticulação do grupo e à retomada de suas pesquisas e de uma produção intelectual no exílio, sobretudo no México e no Chile. Com o golpe de 1964, o programa educativo da UnB foi seriamente comprometido. Seus idealizadores e muitos professores foram demitidos, tendo de se exilar no exterior. De acordo com Maria Helena Moreira Alves (1984:67), a universidade foi uma das mais atingidas pela interferência militar após o golpe de 1964 porque "os militares consideravam o currículo subversivo e de inspiração comunista [...] o total desmantelamento da Universidade de Brasília e sua reformulação eram objetivo prioritário dos grupos que tomaram o poder em 1964".

Por isso, diferentemente de outras atividades culturais que foram relativamente poupadas pela fúria da ditadura até 1968, a UnB foi invadida um dia depois do golpe, em abril de 1964, e professores e alunos foram presos.[36] O reitor da UnB, Darcy Ribeiro, era o quinto nome da primeira lista, intitulada *Ato do Comando Supremo da Revolução 1*,[37] que suspendia por 10 anos os direitos políticos de vários cidadãos. A lista era encabeçada pelo presidente de honra do PCB, Luiz Carlos Prestes, seguida pelo presidente deposto João Goulart.

André Gunder Frank partiu um mês antes do golpe com a mulher, Marta Fuentes, que era chilena, e o filho Paulo, nascido no Brasil um pouco antes.[38] Já os três brasileiros personagens deste livro foram forçados a deixar o país por estarem sendo perseguidos e ameaçados pelo regime de segurança nacional que se impunha.

Ruy Mauro Marini, Vânia Bambirra e Theotônio dos Santos registraram suas lembranças acerca da perseguição e do exílio em memoriais acadêmicos preparados nos anos 1990 para ingresso ou reingresso nas universidades públicas brasileiras das quais haviam sido demitidos ou expurgados no pós-1964. Esses memoriais re-

---

36. De acordo com Marcelo Ridenti (1993:126), "algumas universidades sofreram ataques físicos logo depois do golpe, principalmente a Universidade de Brasília, 'menina dos olhos' do projeto educacional do governo deposto".
37. O documento está reproduzido em Carlos Fico (2004:330).
38. Foi assim que o próprio Gunder Frank descreveu a partida do Brasil antes do golpe de 64: "*The month before, and after our son Paulo was born there, Marta and I had already left Brazil again for Chile, later for Mexico where Miguel was born, then to Montreal, and in 1968 back again to Chile*". (No mês anterior, e depois de nosso filho Paulo ter nascido lá, Marta e eu já tínhamos deixado o Brasil novamente para o Chile, depois para o México, onde Miguel nasceu, e então para Montreal, e em 1968 voltamos novamente para o Chile). Ver Gunder Frank Personal is political autobiography. Disponível em: <http://rrojasdatabank.info/agfrank/personal.html#political>. Acesso em: 30 jun. 2009.

presentam evidentemente uma versão desses intelectuais sobre o passado e não podem ser considerados como aquilo que realmente aconteceu. Representam um indício da realidade, mas, sobretudo, consistem nas visões que prevaleceram nos anos 1990 sobre a implantação da ditadura no Brasil e seu impacto inicial na intelectualidade e nas universidades do país.[39]

Estou considerando esses memoriais uma "escrita de si", para mencionar o conceito já desenvolvido na área de ciências sociais e que mereceu algumas reflexões bem consistentes.[40] Os memoriais acadêmicos permitem aos autores o controle sobre sua trajetória intelectual, propiciam o direcionamento das atividades e da produção científica para uma direção não deliberada no passado, mas que, assim como se apresenta no memorial, é inserida em um percurso que aponta para o futuro. Para Philippe Artières (1998:11), "a escolha e a classificação dos acontecimentos determinam o sentido que

---

39. O texto de Ruy Mauro Marini intitulado "Memórias" foi escrito em 1991, segundo o próprio autor "para atender uma exigência acadêmica da Universidade de Brasília" (p. 1) e se encontra disponível em: <http://www.marini-escritos. unam.mx/001_memoria_port.htm>. Acesso em: 30 jun. 2009. O texto de Theotônio dos Santos chamado "Memorial" de 1994, foi acrescido da produção intelectual desenvolvida até 2009 e entregue a mim pelo autor. O texto "Memorial", de Vânia Gelape Bambirra, é datado de abril de 1991 e foi produzido também como exigência acadêmica da UnB. Foi gentilmente cedido a mim por dois pesquisadores, Lunde Braghini Jr. e Fernando Correa Prado.

40. Ver, entre outros trabalhos, Olney (1980). Uma boa síntese sobre a "escrita de si", notadamente diários e autobiografias, está em Calligaris "Verdades de autobiografias e diários íntimos" (1998:43-58). O volume 11 da revista *Estudos Históricos* é todo dedicado a "arquivos pessoais" e traz também um excelente texto de Philippe Artières, intitulado "Arquivar a própria vida" (1998:10-34). Mais recentemente, Ângela de Castro Gomes organizou uma coletânea intitulada *Escrita de si, escrita da história*, Rio de Janeiro, FGV, 2004. O interesse aqui recai justamente sobre o texto introdutório de Gomes, em que a pesquisadora resume algumas precauções metodológicas no caso da utilização desses escritos como fonte.

desejamos dar às nossas vidas". Sua leitura e análise podem ajudar a entender o contexto no qual foram produzidos, no caso, os anos 1990 no Brasil, época de auge do neoliberalismo, e apontam para uma "lógica retrospectiva de fabricação da sua vida" (Gomes, 2004:13). Nessa lógica retrospectiva, os quatro personagens deste livro não revelaram surpresa diante do golpe de Estado militar. De acordo com Bambirra: "A meados de março de 1964, dei uma 'aula maior' (que, na terminologia da UnB, significava conferência) para um curso de extensão. Nela, previ rigorosamente o que estava por vir. Quem não preveria?" (Bambirra, 1991: 21). Theotônio revela que, depois do golpe, iniciou estudo sobre as crises cíclicas do Brasil e, nesse sentido, o golpe de Estado era previsível:

> Dessa forma, coloquei o processo político de 1961-1964 dentro da análise do processo de acumulação capitalista, das lutas sociais nela enraizadas e das perspectivas e saídas propostas pelas várias classes sociais como solução para a grande crise que estava em curso. Esta "grande crise" combinava uma crise de caráter conjuntural e outra de natureza estrutural que se juntavam nesse período para produzir uma situação revolucionária. Mostrava também que a alternativa política representada pelo golpe de Estado de 1964 estava fundada, sobretudo, na hegemonia do grande capital internacional sobre a economia brasileira e que essa hegemonia assumia a forma da repressão, do terror, da eliminação física, moral e psíquica do adversário dentro de um contexto similar ao que conduzira a Alemanha, por exemplo, ao nazismo e a Itália ao fascismo [Santos, 1994:24].

Outro detalhe que não escapa à leitura dos memoriais é a interpretação acerca do golpe. Theotônio, por exemplo, na continuação da frase acima, fez questão de anunciar que sua análise sobre o golpe era bem diferente das interpretações em voga: "De tal forma que assumia uma perspectiva contrária àquelas dominantes naquele momento". Ruy Mauro Marini também se posicionava dessa maneira, transparecendo imperativo em sua escrita relacionar todos os aspectos em que diferia das posições intelectuais vigentes: "As interpretações correntes sobre o golpe de 1964, além de considerá-lo mais uma simples quartelada, apresentavam-no essencialmente como resultado da intervenção norte-americana, um corpo estranho, de certo modo – ou, como dissera Leonel Brizola, um raio no céu azul –, à lógica interna da vida brasileira. Meu ponto de vista era radicalmente oposto: a ação dos Estados Unidos no Brasil não se podia entender como alheia à realidade nacional, mas como elemento constitutivo dela e só pudera se tornar efetiva (e, portanto, só se explicava) à luz da luta de classes no país, que fincava suas raízes na economia e determinava o jogo político – e da qual as Forças Armadas eram parte plena" (Marini, 1990:8).

A militância desses intelectuais na Polop pode sugerir a sustentação de tais interpretações acerca do golpe civil-militar de 1964. A organização caracterizava a "revolução no Brasil como socialista e não aceitou estabelecer como objetivo da luta proletária a formação de governo 'nacionalista democrático'. O Partido Comunista Brasileiro, por sua parte, defendia a constituição de governos burgueses nacionalistas em decorrência de sua visão de revolução em duas etapas. Da mesma forma, o PCB rejeitou as propostas de luta por um 'governo popular' nos moldes das posições do PC do B" (Kameyama, 2010:13).

Nessa linha de argumentação e crítica aos partidos de esquerda então atuantes, os documentos da Polop descartavam a existência de restos feudais, rejeitavam as intenções reformistas da burguesia brasileira e insistiam na radicalização popular que, segundo sua ótica, era obstaculizada pela adesão das esquerdas ao populismo.[41]

---

41. Considerações resumidas da convocatória para o 1º Congresso da Polop, redigida por Erich Sachs no Rio de Janeiro, em 24 de julho de 1960, reproduzida

Quando adveio o golpe de 1964, Ruy Mauro Marini, Theotônio dos Santos e Vânia Bambirra, entre outros professores da UnB, foram demitidos, perseguidos e seus nomes inseridos nas listas de pessoas procuradas por subversão.

Ruy Mauro Marini se exilou em 1965, depois de ter sido processado, preso e torturado no Centro de Informações da Marinha (Cenimar). Ruy Mauro Marini descreveu seu périplo até o exílio mexicano no memorial preparado em 1991: "Minha estada em Brasília foi cortada bruscamente pelo golpe de 1964. Naquele momento, eu me encontrava no Rio, onde – sabedor de que era procurado em Brasília – permaneci, o que não impediu que eu fosse sumariamente demitido, com outros 12 professores, na primeira medida tomada pela ditadura contra a universidade. Depois de escapar de ser preso, em maio, caí finalmente, em julho, em mãos do Cenimar. Em setembro, beneficiado por *habeas corpus* do STF (que a Justiça Militar negara anteriormente), fui sequestrado pela Marinha e entregue ao Exército, em Brasília, por conta de outro processo que se me movia por lá. Repeti o itinerário Justiça Militar-STF e obtive, em dezembro, novo *habeas corpus*, que desta vez foi acatado. Embora por pouco tempo: não houvesse eu deixado a cidade, discretamente, horas depois da minha libertação, e teria sido preso novamente. Após um período de clandestinidade de quase três meses, quando a pressão policial-militar sobre meus companheiros e minha família tornou-se pesada a ponto de forçar um dos meus irmãos a passar também à clandestinidade, asilei-me na Embaixada do México, no Rio, e viajei para esse país um mês depois (Marini, 1990:7).

em Orlando Miranda e Pery Falcón (2010:21-32). Posteriormente, a militância de Ruy Mauro Marini no Movimiento Izquierda Revolucionaria (MIR) chileno ressaltava as mesmas perspectivas da revolução socialista, rejeitando as etapas. Sua análise sobre os governos reformistas burgueses, notadamente de João Goulart e Eduardo Frei, era radicalmente oposta ao grosso das esquerdas brasileira e chilena.

Vânia Bambirra e Theotônio dos Santos ficaram clandestinos no Brasil até 1966, quando partiram para o exílio no Chile. De acordo com Santos:

> Em abril de 1964, eu fui demitido sumariamente da Universidade de Brasília, o que me levou a dois anos de clandestinidade, passados em São Paulo, como dirigente nacional da Organização Revolucionária Marxista – Política Operária (Polop). Em 1966, fui condenado pelo Tribunal Militar de Juiz de Fora como "mentor intelectual da penetração subversiva no campo". Por crime tão estapafúrdio fui condenado a 15 anos de prisão. Em consequência, fui obrigado a buscar o exílio no Chile... [Santos, 1994:3].

Vânia Bambirra descreveu da seguinte forma seu primeiro exílio:

> Consumado o golpe, voltei à minha sala, no Minhocão, o prédio onde trabalhávamos. Foi uma tristeza, no sentido literal da palavra. Todo o conteúdo de minhas estantes e do arquivo (que continha os recortes dos jornais da época sobre a questão agrária e documentos diversos que havia adquirido) estava esparramado pelo chão, com marcas óbvias de botas encharcadas de lama do campus. As gavetas da escrivaninha, peladas – não sobraram nem as canetas esferográficas e um colar de bijuteria que eu havia deixado lá –, enfim, um caos que nos avisava: "Não voltem mais!". Então, eu fui embora, mas, antes, passei na minha sala de aula e li para a minha turma de alunos a *Declaração dos Direitos do Homem*. Foi uma despedida muito triste. A consequência pessoal de 64 foi a nossa ida, clandestina, para São Paulo, onde ficamos até 1966. Saímos daí para o exílio no Chile [Bambirra, 1991:21].

No exílio, Theotônio, Vânia e Ruy Mauro Marini se adaptaram a novos padrões acadêmicos e obtiveram reconhecimento profissional. Criaram novas redes de contatos e reforçaram os laços entre eles, inclusive por estarem em uma situação de desenraizamento. Também continuaram militando em organizações de esquerda e elaboraram a maior parte da sua produção intelectual, sobretudo, a crítica ao desenvolvimentismo. Todos esses temas do exílio serão discutidos no próximo capítulo.

Crise do desenvolvimentismo

Nos anos 1960, o prestígio das teorias do desenvolvimento foi abalado pela conjuntura financeira internacional e, mais particularmente, pelo fracasso da economia latino-americana, cujos países mais ricos e desenvolvidos não conseguiam transpor as barreiras determinadas pela condição periférica. Do ponto de vista econômico, os países latino-americanos sofreram, simultaneamente, um esgotamento da capacidade de acumular e de realização da produção industrial.

Houve um estrangulamento na capacidade de importação dos insumos necessários à ampliação do processo produtivo e, ao mesmo tempo, uma restrição na atividade industrial, que dependia principalmente do consumo interno. O consumo, por sua vez, era limitado pelas condições sociais dos países da América Latina: a maioria da população era muito pobre para consumir os produtos industrializados. A economia latino-americana e seu crescimento continuavam dependentes dos recursos gerados no setor primário-exportador ou do capital internacional.

Por isso, os intelectuais que, por volta dos anos 1950, acreditavam nas possibilidades abertas pela industrialização e confiavam em fórmulas de crescimento econômico, nos anos 1960 constatavam, melancolicamente, a inviabilidade do processo. A substituição de importações revelou-se incompleta; ao mesmo tempo, o motor da acumulação capitalista dos países "industrializados" da região continuava ancorado no setor primário-exportador.

A fórmula cepalina, segundo a qual a constituição de um projeto de desenvolvimento autônomo seria a solução para a dependência externa provocada pela deterioração dos termos de intercâmbio,[42] começou a ser questionada e substituída pela noção de que o sistema era interdependente, não admitindo a sonhada autonomia.

Para melhor aclarar: o projeto de desenvolvimento autônomo, baseado na industrialização e que apostava nos estímulos advindos de um Estado organizado para defender as atividades produtivas nacionais, investir em setores estratégicos e minimizar o problema da deterioração dos termos de intercâmbio apresentava sinais de esgotamento e fracasso.

Além de comprovar o alcance da industrialização e do crescimento econômico nos países latino-americanos, a crise econômica também evidenciou os limites do populismo, incapaz de manter a posição nacionalista e desenvolvimentista diante da radicalização popular e de esquerda.

Uma das consequências mais brutais do processo de industrialização nos países periféricos foi a marginalização social. O êxodo rural, associado à incapacidade da indústria nascente em gerar empregos, conduziu à formação de uma massa de trabalhadores disponíveis e vivendo em condições miseráveis nas grandes cidades. A quantidade supérflua de trabalhadores provocou a composição de salários muito baixos. Ao mesmo tempo, a baixa remuneração do capital levava ao prolongamento da jornada de trabalho e à superexploração dos trabalhadores, cujos salários estavam bem abaixo do nível adequado à reprodução da força de trabalho. A combina-

---

42. Segundo os cepalinos, o sistema internacional era organizado a partir das relações desiguais entre centro e periferia, e a deterioração dos termos de intercâmbio provocava a dependência externa. Para eles, somente a interiorização dos centros de decisão e a autonomia em relação ao sistema internacional poderiam contornar a situação periférica.

ção desses ingredientes, característicos das primeiras fases da industrialização brasileira, conduziu à restrição ainda mais acentuada do mercado interno, revelando um "círculo vicioso" no almejado desenvolvimento.

Mais grave ainda foi a disponibilidade revelada por esse contingente populacional para os movimentos sociais. A radicalização popular e a presença de lutas sociais contundentes em vários países da América Latina expuseram de modo mais acentuado a crise do projeto nacional-desenvolvimentista, que pretendia ser um modelo destinado a diminuir as desigualdades e impedir essas mobilizações. Ao mesmo tempo, a revolução cubana apareceu como um fator de grande impacto popular, social e intelectual e enriqueceu o panorama das alternativas disponíveis para resolver os problemas de geração e distribuição da riqueza nos países do continente.

A superação do projeto desenvolvimentista tornou-se obsessão para diversos grupos intelectuais no país, inclusive os que haviam produzido a ilusão do desenvolvimento autônomo do capitalismo, como a Cepal. Segundo o próprio Celso Furtado, "el optimismo fácil que en la década de los cincuenta había llevado al desarrollismo fue sucedido por las aprensiones, las impaciencias y las frustraciones del decenio siguiente. Al iniciarse el último cuarto del siglo XX, el horizonte continúa lleno de perplejidades e inseguridades..." (Furtado, 1976:351).

A impaciência à qual Furtado se refere produziu um esforço de interpretação destinado a abdicar da posição desenvolvimentista e explicar a crise e a própria condição periférica. Foram muitos autores que, além dos próprios cepalinos, se empenharam em superar as debilidades do desenvolvimentismo, o que dificultava a identificação de importantes divergências nos novos enfoques alternativos (Ouriques, 1994:179).

De acordo com Jaime Osório (1994:163), "el proceso de crítica abierto permitirá que el tema de las particularidades del capitalismo periférico o dependiente se convierta en punto central". Em outras palavras, até 1960, a ideia de que era possível avançar na direção de um capitalismo cada vez mais autônomo, por meio da industrialização estimulada pelo Estado, era praticamente hegemônica entre os pesquisadores e intelectuais latino-americanos, quase todos articulados em torno da Cepal. A partir da crise e dos primeiros sinais de esgotamento da chamada "industrialização substitutiva", começam a aparecer divergências teóricas e políticas entre esses intelectuais e a reflexão principal passará a girar em torno da caracterização do capitalismo "periférico ou dependente", que impediu a sonhada autonomia.

Os cepalinos, por exemplo, passaram a se preocupar com o tema das reformas econômicas, políticas, institucionais – no Brasil, conhecidas como reformas de base – considerando-as condição inadiável para superar as dificuldades e os obstáculos ao desenvolvimento. Celso Furtado participou ativamente do governo João Goulart e foi responsável, como ministro do Planejamento, pela elaboração do Plano Trienal de Desenvolvimento Econômico e Social. Tratava-se de um instrumento para sanear a economia, combater a inflação e atenuar o déficit público, mas tinha como meta primordial garantir o financiamento público das polêmicas reformas de base.

Raul Prebisch, na mesma época, atuou na Conferência das Nações Unidas sobre Comércio e Desenvolvimento (Unctad), órgão da ONU destinado a "proteger" os produtos comercializados pelos países subdesenvolvidos. A sua crítica ao desenvolvimentismo apareceu no livro *Hacía una dinâmica del desarrollo latinoamericano*, de 1963. Para ele, a disparidade na distribuição de renda constituía fator central para as dificuldades interpostas ao desenvolvimento dos países periféricos – "La prueba de la validez dinâmica de um sistema está em su aptitud para imprimir celeridad al ritmo de desarrollo y mejorar progressivamente la distribuición del ingreso" – e cuja solução exigiria atuar na estrutura social (Prebisch, 1963:138).

As análises de Celso Furtado e Raul Prebisch, os principais intelectuais da Cepal, foram derrotadas pelos golpes militares que impuseram políticas econômicas francamente opostas à distribuição de renda e às reformas estruturais. Celso Furtado teve o seu nome incluído na primeira lista de cassados da ditadura civil-militar que eclodiu no Brasil em março de 1964. No exílio – Chile, Estados Unidos, França e Inglaterra –, continuava argumentando que o modelo brasileiro se apoiava no incremento de consumo de bens duráveis para as classes de alto poder aquisitivo e punha ênfase nos aspectos negativos da concentração de renda em curso no Brasil (Estay Reino, 1995:241).

Outro enfoque dedicado a explicar o fracasso do desenvolvimentismo e que "deu um passo adiante na busca de explicações sobre as particularidades do capitalismo latino-americano e de seu atraso" (Osório, 1994:164) foi o estudo produzido por dois sociólogos, o brasileiro Fernando Henrique Cardoso e o chileno Enzo Faletto, no Instituto Latino-americano de Planificação Econômica e Social (Ilpes). A pergunta básica do livro, publicado no México em 1969 com o título *Dependência e desenvolvimento na América Latina*, era semelhante à formulada pela Cepal, instituição de origem desses dois jovens intelectuais – o Ilpes era uma organização dependente da Cepal, que congregava predominantemente sociólogos e cientistas políticos. Queria saber das "condições, possibilidades e formas do desenvolvimento econômico em países que mantêm relações de dependência com os polos hegemônicos do sistema capitalista" (Cardoso e Faletto, 1981:7).

A pergunta – é possível haver desenvolvimento em países dependentes? – foi respondida de modo afirmativo. Cardoso e Faletto (1981:141) dividiam os países latino-americanos em *economias de enclave* e *economias controladas nacionalmente* e afirmavam que nestas últimas "a situação atual de desenvolvimento dependente não só supera a oposição tradicional entre os termos *desenvolvimento* e *dependência*, permitindo incrementar o desenvolvimento e manter, redefinindo-os, os laços de dependência, como se apoia politicamente em um sistema de alianças distinto daquele que no passado assegurava a hegemonia externa".

Significa dizer, em outras palavras, que no passado, antes de 1930, no Brasil, México e Argentina, apenas para citar exemplos fornecidos pelos autores, a dependência caracterizada pelo predomínio do setor primário-exportador impedia o desenvolvimento, já que o sistema de alianças assegurava a dominação de preço e demanda pelo mercado internacional. Ao passo que, depois da "industrialização substitutiva", os termos da dependência foram redefinidos, a produção não estava mais voltada exclusivamente ao mercado externo e as alianças entre a burguesia dos países dependentes e os representantes do capital monopólico admitiam uma margem que permitiria "incrementar o desenvolvimento".

Segundo eles, "a formação de uma economia industrial na periferia do sistema capitalista internacional minimiza os efeitos da exploração tipicamente colonialista e busca solidariedades não só nas classes dominantes, mas no conjunto dos grupos sociais ligados à produção capitalista moderna: assalariados, técnicos, empresários, burocratas etc." (1981:142).

Cardoso e Faletto – cuja obra tornou-se emblemática para a geração de intelectuais que discutiam as características do capitalismo na América Latina –, mesmo diante da crise e da frustração determinadas pelos sinais de fracasso do nacional-desenvolvimentismo, apostavam na possibilidade de atingir o propalado desenvolvimento e superar a dependência: "A superação ou a manutenção das 'barreiras estruturais', ao desenvolvimento e à dependência dependem, mais que de condições econômicas tomadas isoladamente, do jogo de poder que permitirá a utilização em sentido variável dessas "condições econômicas" (1981:142).

O estudo de Cardoso e Faletto circulou como material interno do Ilpes desde 1966 (Osório, 1994:164; Cardoso e Faletto, 1981:7) e procurava explicar a crise do desenvolvimentismo, salientando a natureza social e política do processo, mas não era o único e nem foi o primeiro trabalho a mencionar a "dependência" como dimensão fundamental da análise.

De fato, o mérito da análise de Cardoso e Faletto – e talvez a causa de terem sido considerados os fundadores da teoria da dependência – era suplantar a tendência de colocar o "desenvolvimento" no centro da interpretação da realidade latino-americana e substituir pela "dependência" como foco privilegiado do diagnóstico das sociedades periféricas. No entanto, a meta, ou finalidade da análise, permanecia inalterada: o desenvolvimento e a possibilidade de atingir patamar semelhante aos países centrais do capitalismo.

Na mesma época – década de 1960 – surgem os mais consistentes estudos de Caio Prado Jr. sobre a economia brasileira, embora sua atividade intelectual tenha sido constante desde a década de 1930. No livro *A revolução brasileira*, de 1966, Caio Prado Jr. (1966:301-302) já punha ênfase no aspecto dependente de nossa economia, atuando como "parte dependente e subordinada" do sistema internacional capitalista. Mas o objetivo político do estudo impediu que ele aprofundasse o tema da dependência ou da caracterização do capitalismo no Brasil, ressaltando apenas que "a revolução brasileira, no conjunto de seus aspectos, significa a desconexão daquele sistema[...]. O rompimento dele em sua periferia". Mesmo assim, apostava na "luta por um amplo conjunto de reformas" e na "intervenção decisiva do Estado nas atividades econômicas" (1966:311). Segundo ele, o programa revolucionário exigiria o "monopólio estatal do comércio exterior", ressaltando a necessidade desse controle para que a estrutura da economia brasileira se dirigisse no "sentido da transformação dela de *colonial* em *nacional*" (1966:313). Segundo ele, no entanto, a consciência anti-imperialista no Brasil não estava suficientemente desenvolvida e menos ainda enraizada nos grupos sociais brasileiros. Sustentava que "a ação e luta anti-imperialistas são uma decorrência natural e espontânea da reforma e reestruturação da economia brasileira" (1966:321), o que nos leva novamente, e de modo circular, para o foco da análise de Caio Prado Jr., que eram "a reforma e a reestruturação".

Em 1968, ao preparar a tese de livre-docência da Faculdade de Filosofia, Ciência e Letras da USP, Caio Prado Jr. estava menos otimista com as reformas e com os obstáculos que o Congresso brasileiro impunha aos acordos com os Estados Unidos e ao possível crescimento da consciência anti-imperialista. Retornou então às teses estagnacionistas que haviam dominado o marxismo dos anos 1950/1960: "A participação do capitalismo internacional na economia brasileira constitui assim um embaraço crescente à transformação da mesma economia e à sua libertação do seu passado colonial. Passado esse que, embora sob forma diferente e mais complexa, continua a mantê-la enquadrada num sistema em que ela figura como setor e elemento periférico e dependente" (1999:128-129).

Um dos méritos da análise caiopradiana foi rechaçar a ideia de uma burguesia nacional – motivo de sua disputa com as teses oficiais do PCB. Não concordava que existisse uma parcela da burguesia brasileira que pudesse defender o capitalismo autônomo, proclamado anteriormente pela Cepal. Também foi importante ao evidenciar, assim como haviam feito Cardoso e Faletto, a dependência como fator interno imbricado ao componente externo.

A crítica às teses desenvolvimentistas e à possibilidade de um capitalismo autônomo no Brasil e em toda a América Latina e os óbices à existência de uma parcela nacionalista da burguesia foram objeto de diferentes autores e enfoques, como exemplificado pelos estudos de Fernando Henrique Cardoso e Enzo Faletto e as análises de Caio Prado Jr. Ocorre que, enquanto Caio Prado Jr. representa o intelectual que não acredita na possibilidade de direção burguesa de projetos democráticos e desenvolvimentistas, os autores de *Dependência e desenvolvimento na América Latina*, Cardoso e Faletto (1981:140), deixavam em aberto essa possibilidade para países nos quais houvesse "controle nacional do sistema exportador" e um sistema de alianças que fosse capaz de "superar as barreiras estruturais ao desenvolvimento e a dependência".

Entre essas duas tendências praticamente opostas, surgiram várias outras interpretações que punham ênfase no subdesenvolvimento latino-americano como parte integrante do mesmo processo que produziu o desenvolvimento nos países centrais do capitalismo. E o primeiro autor a tratar dessa questão nesses termos, seguido posteriormente por muitos outros,[43] foi André Gunder Frank, no livro *Capitalismo y subdesarrollo en América Latina*, de 1965. No livro, composto por ensaios escritos entre poucos meses antes do golpe de 1964, no Brasil, e julho de 1965, no México, o autor assinalava sua inconformidade com a ideia de um capitalismo nacional ou uma burguesia nacional que tivessem a capacidade de superar o subdesenvolvimento.[44]

A partir de Gunder Frank e dos estudos subsequentes que versavam sobre subdesenvolvimento, dependência, relações centro-periferia etc., começou-se a discutir o conteúdo específico da dependência e, sobretudo, teorias próprias para interpretação da realidade periférica e qual a metodologia mais adequada a ser aplicada às análises sobre a região latino-americana.

---

43. Como exemplo de seguimento à tese do "desenvolvimento do subdesenvolvimento", encontra-se o livro de Osvaldo Sunkel e Pedro Paz, de 1970, *El subdesarrollo latinoamericano y la teoria del desarrollo*.

44. A crítica de Gunder Frank à suposta capacidade da burguesia brasileira ou à possibilidade de capitalismo autônomo no Brasil é anterior às análises de Caio Prado Jr. e de Fernando Henrique Cardoso e Enzo Faletto sobre o mesmo assunto. Ainda que estivesse circulando entre os intelectuais brasileiros e de outros países da América Latina, Gunder Frank atribui suas conclusões à influência de Paul Baran e aos estudos concretos sobre as realidades chilena e brasileira, que reconhece como insuficientes no prefácio da obra: "*Un análisis detallado del proceso histórico del desarrollo capitalista y de los problemas contemporáneos del subdesarrollo tendría que dedicar más atención a las transformaciones específicas de la estructura económica y las clases de esos países subdesarrollados, como resultado del ascenso del imperialismo en el siglo XIX y su consolidación en el XX*" (1965:6).

CAPÍTULO 2
AS CONTRIBUIÇÕES TEÓRICAS E O DEBATE POLÍTICO

O debate entre os diversos enfoques da teoria da dependência mobilizou três aspectos que foram centrais na definição de quem era quem no ambiente intelectual da época: o conteúdo empírico da dependência, o aspecto metodológico e a questão teórica.

Predominou, primeiramente, uma inquietação muito forte com a questão empírica. Essa preocupação levou os autores a buscar o conteúdo concreto da dependência, permitindo a investigação dos aspectos socioeconômicos concretos da realidade latino-americana.

Outra questão estava relacionada à metodologia, debate relativo à investigação da existência de leis próprias do capitalismo em regiões dependentes. Tratava-se de distinguir entre os autores que defendiam a existência de leis específicas do desenvolvimento dependente e aqueles que consideravam a existência de leis gerais do modo de produção capitalista que, segundo sua ótica, poderiam ser pensadas para explicar igualmente os países hegemônicos e as regiões dependentes do planeta.

Finalmente, destacava-se o aspecto teórico do debate relacionado com a caracterização da dependência enquanto conceito. Tratava-se de erigir o termo dependência à categoria de conceito, permitindo que a simples enunciação da palavra fosse suficiente para explicar situações concretas e a compreensão das características comuns a essas regiões.

Não fossem essas elaborações intelectuais diretamente relacionadas com a posição político-ideológica dos debatedores, não estaríamos diante de tão acirrada contenda para a materialização de uma teoria.

Os nossos personagens – até agora denominados genericamente como grupo de Brasília[45] – reconheceram em sua produção intelectual o traço marcadamente político. A certa altura, referindo-se a sua investigação sobre Cuba, Vânia Bambirra admite:

> Essa pesquisa, como todas as demais que venho realizando em minha vida acadêmica, tinha uma forte motivação política: tratava de compreender e de explicar o caráter da revolução através de um rigoroso estudo de seus condicionamentos históricos, da situação objetiva do país e dos fatores que conduziram a sua mudança de qualidade, com o objetivo de entregar à militância revolucionária latino-americana que inspirava-se (*sic*) na mesma, uma análise objetiva do "modelo" [Bambirra, 1991:41].

Ruy Mauro Marini faz referência à imbricação da política e a constituição de conceitos teóricos capazes de explicar a realidade conturbada da época:

> após o golpe militar de 1964, [...] limitada em sua militância, a jovem intelectualidade brasileira encontraria tempo e condições para dedicar-se plenamente ao trabalho acadêmico e se veria, de fato, convocada a isso pela situação que se passou a viver em toda a América Latina, assolada pela contrarrevolução. No começo da década, a teorização encontrava-se ainda estreitamente ligada ao combate político e os êxitos ou fracassos se mediam através de indicadores muito concretos [Marini, 1991:7].

Aqui, Marini admite a relação entre o fracasso da estratégia política ("indicadores concretos") e o resultado semelhante na cons-

---

45. A discussão sobre as diversas denominações que o grupo recebeu está no subitem "A produção intelectual do grupo de Brasília: os elementos do vínculo" deste capítulo.

trução de teorias acerca da realidade. Aclarando: para ele, uma teoria estaria predestinada ao fracasso caso não obtivesse sucesso no mundo "concreto" da política.

A disputa pela elaboração teórica referia-se à formulação do conceito de dependência, à definição do conteúdo concreto das diferentes modalidades de dependência, à metodologia utilizada para explicar o capitalismo periférico e, sobretudo, à explicitação dos caminhos políticos e analíticos para a superação da dependência.

Gunder Frank saiu dos Estados Unidos com a convicção de que as instituições acadêmicas norte-americanas e o ambiente em que vivia não lhe permitiam "inspiração" suficiente para análise da dicotomia desenvolvimento/subdesenvolvimento:

> *I than resigned from Michigan State University because I felt that the political basis of the professional climate there and in the U.S. generally oriented me – and others – to pursue directions in my teaching and research on problems of economic development and social change which could never bear fruit in speeding up development in underdeveloped countries and serves, on the contrary, only to retard it. I decided, therefore, to remain for further study in the underdeveloped countries or the socialist ones and to look for a political-intellectual climate which could influence me to at least ask more nearly the right questions of my chosen problem of development* [Carta oo, 1964:1].[46]

---

46. "Eu, então, me demiti da Michigan State University porque senti que a base política do clima profissional de lá e dos Estados Unidos como um todo me orientavam – e aos demais colegas – a buscar uma direção, no ensino e na pesquisa, sobre os problemas do desenvolvimento econômico e das transformações sociais que jamais poderiam ajudar na aceleração do desenvolvimento nos países subdesenvolvidos, mas servia, ao contrário, apenas para retardar esse processo. Eu decidi, portanto, aprofundar meus estudos nos países subdesenvolvidos ou socialistas e procurar um ambiente político e intelectual que pudesse me influenciar, no mínimo, a fazer perguntas mais certas sobre o

Essa carta de Gunder Frank, redigida em 1º de julho de 1964 em Santiago do Chile e dirigida a alguns amigos e ex-colegas, era uma tentativa de "restabelecer contatos" e procurava explicar os "problemas políticos e técnicos" que envolviam sua busca por um trabalho. Quase no final das 10 páginas datilografadas, depois de descrever sua trajetória e seus problemas financeiros, Gunder Frank finalmente reconhecia sua dificuldade em voltar aos Estados Unidos:

> *The metropolis, and least of all its mainstream, will never produce the ideology, the social science, the policy, or the politics to aid the underdeveloped world to develop. In the future, as in the past, the export of these metropolitan aids can only help the underdeveloped world became still more underdeveloped. I cannot in good conscience associate myself with this enterprise in the future as I did at one time in the past and must instead do whatever small part I can in stemming the import by underdeveloped world of science and policy prejudices their interests and contribute however I may be able to their development of science, policy and politic necessary for their liberation. This may involve, of course, fighting with more than a pen as a weapon*[47] [Carta 00, 1964:8].

---

problema do desenvolvimento." Ver: <http://rrojasdatabank.info/agfrank/carta00.pdf>.

47. "A metrópole, e, pelo menos toda a sua cúpula, nunca vai produzir ideologia, ciência social ou políticas de ajuda ao mundo subdesenvolvido para este se desenvolver. No futuro, assim como no passado, esses auxílios metropolitanos só puderam ajudar o mundo subdesenvolvido a se tornar ainda mais subdesenvolvido. Eu não posso, em sã consciência, associar-me a esse empreendimento no futuro, como fiz em algum momento no passado. Devo, ao contrário, fazer, ainda que uma pequena parte, para conter a importação da ciência e dos preconceitos políticos metropolitanos. Posso contribuir, por outro lado, para o desenvolvimento político e científico, necessários à libertação. Isto pode envolver, é claro, lutar mais do que com a caneta como uma arma". Ver: <http://rrojasdatabank.info/agfrank/carta00.pdf>.

A carta de Gunder Frank revela a consciência que tinham nossos personagens de estar investindo na constituição de uma teoria que procurava desvendar as mazelas do mundo periférico como um todo e solucioná-las. Ou seja, estavam igualmente cônscios de que, na verdade, travavam um combate político de grande envergadura, maior mesmo do que a própria resistência às ditaduras que assolavam os países latino-americanos, e que os conceitos que enunciavam eram ferramentas de interpretação da realidade periférica e, simultaneamente, um projeto alternativo para o subdesenvolvimento.

Além da consciência de que a teoria poderia ajudar a entender o mundo periférico, havia também a ideia de orientar os movimentos revolucionários. Em nota de 1971, prévia ao livro *El capitalismo dependiente latino-americano*, Vânia Bambirra (1974:VII) ressaltava que o grupo de pesquisa coordenado por Theotônio dos Santos no Ceso lançara-se à tarefa da pesquisa movido por duas ordens de necessidade, sendo a primeira a compreender o capitalismo dependente e a segunda, "entregar elementos para a reorientação da concepção estratégico-tática que guiava os movimentos revolucionários, o que era imprescindível devido aos duros reveses que estes haviam sofrido, o que se devia em parte a seus equivocados pressupostos programáticos".

Gunder Frank (1968:6), já instalado na América Latina, fazia considerações sobre o papel do intelectual: "*He ahí, pues, lo que reta al revolucionario, al revolucionario intelectual, y hasta al intelectual aún no revolucionario de América Latina, especialmente el consagrado a las ciencias sociales, porque si él ha de ser responsable, esto es, si ha de ser un verdadero intelectual, debe decidirse a tomar posición – no importa cuál sea ésta – ante los fundamentales problemas políticos de su sociedad*".

A participação política notória dos intelectuais era quase regra nos anos 1960/1970 e, no caso dos economistas e cientistas sociais envolvidos nesses temas, ligados ao problema do desenvolvimento, do atraso e da dependência, acresciam-se as disputas entre diferentes grupos, que atribuíam pesos igualmente diferenciados aos fatores que pudessem explicar esses problemas.

As formulações teórico-metodológicas de cada círculo de investigadores sociais, com sua plêiade de exemplos do desenvolvimento histórico-concreto das sociedades latino-americanas, consagraram uma maior, menor ou nula ênfase no papel da luta de classes no processo de transformação das sociedades periféricas.

A dicotomia entre *reforma* e *revolução* era o reflexo mais visível desses embates, empobrecendo e simplificando o problema. Ou seja, as abordagens procuravam esclarecer quem (agentes políticos, definidos ou não como classes sociais) e de que forma (reforma ou revolução; capitalismo ou socialismo) a dependência seria superada.[48]

No entanto, mesmo que a política e as ideologias estivessem, durante todo o debate, condicionando a constituição das teorias e das metodologias pertinentes aos problemas da dependência e do desenvolvimento latino-americano, a reflexão crítica dos intelectuais terminou prevalecendo e se sobrepondo àqueles condicionantes políticos.

Autores latino-americanos atuais – no final do século XX ou no início do século XXI – debruçados sobre a literatura que pretendeu explicar os problemas subcontinentais reconhecem a riqueza daquelas reflexões. Para Jaime Osório (1994:157), *"las ciencias sociales latinoamericanas viven en los años cincuenta, sesenta y parte de los setenta uno de los períodos más productivos de su historia"*. Corroborando a tese de Osório, Aguirre Rojas (2001:61) adverte que "[...] *la mayor contribución que las ciencias sociales latinoamericanas*

---

48. Segundo Ronald H. Chilcote (1981:3), *"these theorists have contributed to some remarkable historical breakthroughs as well as to detours and setbacks in theory and revolutionary practice"*, ou seja, *"esses teóricos contribuíram para alguns notáveis avanços históricos, bem como por desvios e retrocessos na teoria e na prática revolucionárias"*.

han realizado en todo el siglo XX ha sido justamente la de la llamada 'teoria de la dependencia'".

Outro dado significativo a respeito da criação da teoria da dependência, em seus variados enfoques, é que os debates, as polêmicas e os embates para atribuição de significados ao conceito, assim como a produção intelectual e a divulgação dos resultados dessas reflexões, foram realizados por intelectuais que estavam fora de seus países, na condição de exilados.

Essa extraordinária produtividade intelectual e a abundância de reflexão teórica foram resultado de uma época conturbada, de exaltação dos movimentos, partidos e organizações de esquerda em todo o subcontinente, da necessidade de explicar esses projetos. Ao mesmo tempo, devido ao imperativo de aclarar os motivos do fracasso quase generalizado das alternativas de esquerda e a escalada do autoritarismo, a intelectualidade latino-americana absorveu-se no debate teórico. O desenvolvimento das universidades e a profissionalização das ciências sociais e humanidades nessa mesma época também contribuíram para o incremento dos debates e a produção intelectual do período.

Ditaduras e exílios dos intelectuais latino-americanos

Os golpes da década de 1960 e 1970 foram responsáveis por uma nova onda de exílios na América Latina. Não foi a primeira vez que isso ocorreu. Ao longo da história do continente, muitos políticos e intelectuais foram obrigados a deixar seus países motivados por antagonismos ideológicos e por força do autoritarismo.[49]

---

49. Um primeiro exemplo dos múltiplos exílios latino-americanos é fornecido pelos opositores de Juan Manuel de Rosas (1793-1877), governador de Buenos Aires, federalista, que perseguiu opositores, entre os quais Juan Bautista Alberdi e Domingo Faustino Sarmiento, que tiveram de se exilar no Uruguai e no Chile. O próprio Rosas morreu no exílio em Southampton, Inglaterra.

Em relação aos militantes que tiveram de sair do Brasil após o golpe de 1964, existe um cálculo de que "entre 1964 e 1966, passaram pelas embaixadas latino-americanas do Rio de Janeiro e pela embaixada da Iugoslávia, a única que funcionava em Brasília, cerca de quinhentos asilados políticos. Montevidéu e Buenos Aires receberam alguns milhares de brasileiros fugidos pela fronteira, entre os quais o presidente João Goulart e Leonel Brizola" (Gaspari, 2002:130). Mesmo assim, apesar da proximidade da fronteira platina, as cidades latino-americanas que receberam a maior parte dos intelectuais exilados brasileiros foram Santiago do Chile e Cidade do México.

As condições de asilo intelectual eram extremamente favoráveis nesses dois países, onde acabou ocorrendo, em muitos casos, o fenômeno que Denise Rollemberg (1999:24-33) identificou ao estudar o exílio dos brasileiros: a expatriação é experimentada como "fruto da exclusão, da dominação, da anulação, da intolerância", mas "[...] oferece um outro lado: a oportunidade do recomeço e da transformação". Para Jorge Fernandez (2011:12),

> a mesma necessidade de sobreviver que impeliu o imigrante ou exilado a partir da sua terra também o levou, individual ou coletivamente, a inserir-se no país receptor, mesmo que em grau diverso e profundidade variável, em novas dinâmicas e práticas sociais, culturais, políticas e econômicas, criando assim estratégias para continuar sobrevivendo após a ruptura provocada pela experiência migratória.

Nesse sentido, e para o caso deste grupo, foram as instituições acadêmicas e de pesquisa que lhes proporcionaram a possibilidade de inserção privilegiada nas capitais latino-americanas do exílio intelectual brasileiro nos anos 1960/1970, a saber, Santiago do Chile e Cidade do México. As instituições acadêmicas nos dois países experimentavam situações de intensa euforia e crescimento, sobretudo nas áreas das ciências sociais e humanidades.

As contribuições teóricas e o debate político

A atividade cultural do México intensificou-se especialmente por estímulo da Revolução de 1910, que permitiu a incorporação de segmentos, temas e motivos da cultura popular, com ênfase na alfabetização massiva, e de uma "difusão muito mais popular de certos elementos da cultura universal" (Aguirre Rojas, 2001:101).

Entre 1958 e 1964, o México foi governado por Adolfo López Mateos, considerado um político de esquerda, que havia participado de movimento estudantil e socialista. Em sua gestão, López Mateos distribuiu enormes quantidades de terras, nacionalizou empresas de telefonia e de energia elétrica e apoiou a revolução cubana, opondo-se a qualquer tentativa de Washington de derrubar Fidel Castro. Para ter uma ideia da situação do México na época, há registro de que, no ano do golpe civil-militar brasileiro, grande parte do orçamento mexicano era dedicada à educação. O governo seguinte, de Gustavo Díaz Ordaz Bolaños (1964-1970), foi um dos mais autoritários do período, quando ocorreu o triste massacre estudantil de Tlatelolco, em 1968. Depois de Díaz Bolaños, o México foi governado por Luis Echeverría Álvarez (1970-1976), responsável direto pelo episódio de Tlatelolco. Seu governo, no entanto, foi marcado pela proximidade com os regimes socialistas do Chile e de Cuba. Foi ele o responsável pelo exílio concedido à viúva do presidente Salvador Allende, Hortensia Bussi, em 1973. E, apesar de ter outorgado exílio a um grande número de intelectuais sul-americanos, respondeu pela perseguição e morte dos guerrilheiros mexicanos Genaro Vázquez (1972) e Lucio Cabañas (1974). Mesmo assim, os reflexos da revolução mexicana e do apoio a Cuba ainda se faziam presentes na universidade e favoreceram a acolhida aos exilados políticos provenientes de todas as ditaduras de segurança nacional da América do Sul.

Entre os anos 1970 e 1973, o Chile viveu uma situação especialmente favorável ao acolhimento da esquerda latino-americana. Enquanto Brasil, Argentina, Bolívia e República Dominicana experimentavam as dramáticas consequências das ditaduras civil-militares, a sociedade chilena vivenciava a original experiência do governo socialista de Salvador Allende. A "via chilena ao socialismo" embalava o sonho de toda a esquerda latino-americana, que estava, a essas alturas, aterrorizada pelas ditaduras de segurança nacional. Por isso, o Chile recebeu grande parte dos intelectuais brasileiros que fugiram da perseguição, da prisão e dos inquéritos.

Ainda que os exílios no México e no Chile acentuassem a perda de raízes ocorrida nessas situações extremas, simultaneamente sobrevinha a descoberta de radares, em referência ao título do livro de Rollemberg (1999). Além do mais, foi uma época de "redescobrimento" da América Latina nas universidades e centros de pesquisa do mundo inteiro. Estimulados por processos inusitados e originais, como a vitória da revolução cubana e seus desdobramentos, sobretudo relativos à latino-americanização da Guerra Fria, com a implantação de sucessivos regimes de segurança nacional nos países do Cone Sul, intelectuais do mundo inteiro se debruçaram sobre a história e as sociedades latino-americanas para compreender melhor esses processos.

Entre os anos 1960 e 1970, em função da curiosidade gerada pela revolução cubana e pelos golpes civil-militares que implantaram os regimes de segurança nacional, foram fundadas as mais importantes associações de estudos sobre a América Latina e o Caribe na própria região, na Europa e nos Estados Unidos.[50]

---

50. Ahila (Associación de Historiadores Latino-americanistas Europeus), fundada em 1978 em Torun, na Polônia, embalada pelas reuniões que vinham se realizando desde 1969, sucessivamente em Santander, Sevilla, Paris e Colônia. No mesmo ano, 1978, surgiram duas organizações sob influência das atividades de Leopoldo Zea (1912-2004), a Solar (Sociedad Latino-americana de Estudios Latinoamericanos y del Caribe) e a Fiealc (Federación Internacional de Estudios sobre America Latina y el Caribe).

Em 1960, por exemplo, foi criado o Centro de Estudos Internacionais (CEI), por Daniel Cosío Villegas,[51] presidente do Colégio de México (Colmex), com o objetivo de "formar estudiosos de relações internacionais capazes de entender a situação do país no mundo e para conduzir a diplomacia mexicana com maior profissionalismo" (*site* do CEI, acesso em 14/4/2010). Ruy Mauro Marini foi recebido nessa instituição e acolhido, conforme suas memórias:

> Não conhecia ninguém ali. Mas, no aeroporto, esperava-me o reduzido grupo de asilados que vivia no país – cerca de 20 –, o qual me proporcionou, assim como as autoridades mexicanas, uma acolhida reconfortante. Entre os muitos amigos que fiz – além de Maria Ceailes, combativa militante das Ligas, com quem compartilhara o asilo na embaixada – recordo, com especial carinho, Carlos Taylor, comunista histórico, homem de grande coração e de caráter reto, que fora no Brasil presidente da União Nacional dos Servidores Públicos e que, depois de bons serviços prestados ao México, ali veio a falecer, em 1978; Alvaro Faria, cuja idade relativamente avançada em nada diminuíra seu entusiasmo pela filosofia e pela política e graças a quem privei, também, da amizade de Rodolfo Puiggrós, há muitos anos exilado no México e que ministrava, na Escola de Economia da Unam, o único curso de marxismo daquela universidade; e Cláudio Colombani, estudante de engenharia de São Paulo, que me fez perceber o quanto era grande, entre a juventude do PCB, a revolta contra o reformismo e o acomodamento da sua direção. Reencontrei, também, André Gunder Frank, lecionando então na Unam, o qual me facilitou os primeiros contatos com intelectuais e militantes políticos mexicanos [Marini, 1990:16-17].

---

51. Daniel Cosío Villegas foi um economista e historiador mexicano, fundador da editora Fondo de Cultura Económica (FCE) e da Escola Nacional de Economia. É um exemplo de intelectual que, na época, estava interessado em compreender a posição do México no mundo e conhecer mais a região latino-americana.

Gunder Frank partira do Brasil em 1964 para o Chile, mas em seguida foi convidado a lecionar na Unam, no México (1965-1966), em Montreal (1966-1968) e voltou ao Chile somente em 1968, onde permaneceu até o golpe de estado de setembro de 1973. Por isso, entre 1964 e 1973, encontrou Marini no México (1965-1966), esteve com Theotônio e Vânia no Chile (1968-1973) e, depois, novamente com Marini no Chile (1969-1973), onde os quatro se reuniram a partir de 1969.

O amparo dado a Ruy Mauro Marini no Centro de Estudos Internacionais (CEI) do Colégio do México e a imediata obtenção de cargo como redator da prestigiosa revista *Foro Internacional* foram semelhantes à acolhida recebida por Theotônio dos Santos e Vânia Bambirra, em 1966, no Centro de Estudos Socioeconômicos (Ceso) da Faculdade de Economia da Universidade do Chile. Nildo Ouriques (1994:180-181) identificou o Chile, o Brasil e o México como os eixos geográficos da gestação da teoria da dependência, e salientou que "foi no Chile que o debate amadureceu de forma definitiva", em função da vitória da Unidade Popular e da "reunião, no Centro de Estudos Socioeconômicos (Ceso), de importantes investigadores, que ali desenvolveram suas reflexões ao calor dos debates que implicou a via chilena para o socialismo" e "conformaram o ambiente propício para o amadurecimento do debate".

Theotônio dos Santos e Vânia Bambirra permaneceram no Brasil entre 1964 e 1966, na clandestinidade. Quando tiveram oportunidade, em 1966, rumaram para o Chile e foram incorporados ao Ceso. Vânia Bambirra foi professora da Faculdade de Economia e pesquisadora do centro entre 1967 e 1973, enquanto Theotônio assumiu a docência, a pesquisa e dirigiu a instituição. Na Universidade do Chile, reencontraram André Gunder Frank. Para Bambirra (Memorial, 1991:28), os sete anos e meio passados no país foram de crescimento intelectual e consolidação da carreira acadêmica, o que não havia ocorrido no Brasil: No Chile "realmente me afirmei como intelectual, como professora, como pesquisadora e cientista social. Levantei voo. Adquiri autoconfiança, produto da segurança de que meu trabalho era sério e fundamentado. Comecei a realizar o sonho de entender o mundo para ajudar a transformá-lo. Apaixonei-me pela minha profissão".

Em maio de 1968, Ruy Mauro Marini, que já era professor e pesquisador consagrado no México, escreveu um artigo para o jornal mexicano *El Dia* no qual demonstrava admiração pelas ações de resistência à ditadura protagonizadas pelo movimento estudantil brasileiro.

Nos anos 1960 e 1970, o movimento estudantil transformou-se em fator político significativo em função do expressivo crescimento do ensino universitário. No Brasil, as vagas nas universidades públicas quadruplicaram entre os anos 1940 e 1960. Apoiado em organizações como os diretórios acadêmicos (DCEs), as uniões estaduais de estudantes (UEEs) e a União Nacional dos Estudantes (UNE), o movimento estudantil esteve particularmente ativo em 1961-1964 e posteriormente como importante fator de resistência ao regime militar. Em março de 1968, a invasão pela polícia do restaurante universitário Calabouço, no Rio de Janeiro, para dispersar uma revolta estudantil, deixou como saldo um estudante morto, o jovem Edson Luís, que se tornou símbolo da luta contra a ditadura.

O artigo de Marini inscrevia-se nesse contexto: "Em maio, entusiasmado com as ações do movimento estudantil brasileiro, escrevi um artigo de página inteira, no qual analisava suas motivações e definições programáticas, sua dinâmica e suas táticas de luta" (Marini, 1990:13). O artigo foi publicado apenas em agosto, por razões nunca esclarecidas, segundo o autor, quando a situação do movimento estudantil mexicano já se tornara particularmente problemática para o regime de Gustavo Díaz Ordaz. Depois de outubro de 1968, os acontecimentos de Tlatelolco,[52] somados ao artigo publicado em agosto e algumas palestras sobre o movimento estudantil, tornaram a situação de Marini insustentável no México. Ele foi ameaçado pelo então subsecretário de governo, encarregado do controle dos asilados políticos, e praticamente convidado a se retirar do país. No início de 1969, foi eleito presidente do México Luís Echeverría, o secretário de governo que havia ordenado o massacre da Plaza de las Tres Culturas, o que apressou a decisão de Marini de deixar o país e partir para Santiago do Chile.

Segundo o relato de Marini no Memorial (1990:13-14), as tentativas de permanecer no México, negociando com as autoridades do país, foram inúteis. A coincidência interferira no seu trabalho no Colégio de México e na Unam e as autoridades haviam recomendado aos dirigentes acadêmicos que evitassem o contato de Marini com os estudantes. Solicitou, então, autorização para deixar o país rumo à França, o que foi negado, devido a um acordo entre o governo mexicano e a ditadura brasileira, que impedia seu deslocamento para centros de exilados. Embora o Chile também estivesse nessa situação, a interferência de Theotônio dos Santos e de Vânia Bambirra naquele país foi fundamental para contornar a situação e permitir que ele rumasse para um segundo exílio, dessa vez no Chile. Segundo comenta sobre o início do exílio chileno (Marini, 1990:16):

---

52. O episódio conhecido como Massacre de Tlatelolco ocorreu em 2 de outubro de 1968, após vários meses de agitação e greves estudantis e a demissão do reitor da Unam em setembro, em decorrência das manifestações dos estudantes. Forças do exército e da polícia mexicanas investiram contra os estudantes e suas famílias na praça das Três Culturas, em Tlatelolco, onde ocorria uma manifestação pacífica, e deixaram um saldo de mortos que oscila, nas estatísticas oficiais, entre 25 e 350. A repressão teve lugar 10 dias antes dos jogos olímpicos que ocorreram na Cidade do México em 1968. O objetivo dos estudantes era chamar a atenção da mídia internacional para a repressão no país e o do governo mexicano, estancar a agitação estudantil antes que os jogos iniciassem.

"Meu ingresso no território chileno fez-se com alguma dificuldade, contornada pela pressão dos amigos que ali me esperavam – em particular Theotônio dos Santos e Vânia Bambirra – juntamente com a intervenção de políticos – como o então senador Salvador Allende – e da Universidade de Concepción e sua Federação de Estudantes".

No Chile, obteve uma vaga para pesquisar e ministrar aulas no Instituto Central de Sociologia da Universidade de Concepción, onde teve acolhida fraterna de outros exilados e da federação dos estudantes da universidade, que intercedeu a seu favor. Localizada a um pouco mais de 500 km ao sul da capital do Chile, Concepción era uma cidade industrial, com forte tradição operária e berço do Partido Comunista Chileno. Nessa região conflagrada pelo movimento operário surgiu o Movimiento de Izquierda Revolucionário (MIR) chileno, em 1965,[53] que teve atividade marcante até o final do governo de Salvador Allende.

No final de 1970, Ruy Mauro Marini aceitou convite do Ceso e transladou-se para a capital, Santiago do Chile. A respeito da acolhida no centro, revela que a vitória da Unidade Popular teria esvaziado as universidades chilenas dos melhores quadros da esquerda do país, aproveitando-os na administração pública, permitindo a absorção do pessoal mais jovem e de estrangeiros que estavam na condição de exilados ou que haviam sido atraídos pela originalidade do processo político. Segundo suas memórias:

> O Ceso foi, em seu momento, um dos principais centros intelectuais da América Latina. A maioria da intelectualidade latino-americana, eu-

---

53. O MIR reunia militantes da Juventude Socialista, da Juventude Comunista e de dois pequenos agrupamentos que atuavam na Universidade de Concepción, a Vanguarda Revolucionária Marxista e o Grupo Gramna. Concordava em recorrer à luta armada como forma de atingir o socialismo. A partir de 1967 organizou uma guerrilha urbana e rural. Durante o governo socialista de Salvador Allende, o MIR foi reconhecido como partido político, voltando à clandestinidade e às ações armadas após o golpe militar de 1973.

ropeia e norte-americana, principalmente de esquerda, passou por ali, dele participando mediante palestras, conferências, mesas-redondas e seminários. [...] O momento político que vivia o país, que tornara Santiago centro mundial de atenção e de romaria de intelectuais e políticos, fez o resto, além de incentivar o desenvolvimento de outros órgãos acadêmicos [Marini, 1990:18-19].

Todo o grupo – Theotônio, Vânia, Marini e Gunder Frank – foi forçado a um novo exílio em função do golpe de 11 de setembro de 1973. Depois do golpe de Pinochet, Gunder Frank deixou para sempre a América Latina rumo à Europa. Os primeiros cinco anos de exílio europeu foram na Alemanha, depois na Inglaterra e, por último, na Holanda. O restante do grupo foi para o México. Theotônio dos Santos permaneceu quase seis meses na Embaixada do Panamá em Santiago[54] até obter salvo-conduto para sair do país. A longa permanência na embaixada e a negativa da ditadura chilena em conceder visto de saída a Theotônio, ainda que fosse brasileiro, justificam-se porque ele estava em uma lista das 10 pessoas mais procuradas pela junta de governo instalada em 11 de setembro (Rollemberg, 1999:178). A embaixada do Panamá no Chile ficou tão lotada que foi transferida para a casa que Theotônio e Vânia haviam comprado para morar. Posteriormente, a casa foi expropriada pela ditadura e transformada em centro de tortura da Dirección de Inteligencia Nacional, a Dina.

Vânia e os dois filhos do casal ficaram somente um mês na embaixada, quando receberam autorização para sair do Chile rumo ao Panamá. Marini também foi para o Panamá logo depois do golpe, de lá para a Alemanha e depois, em setembro de 1974, para o México. Apesar de governado pelo nacionalista Omar Torrijos, o Panamá foi considerado um interregno, bem diferente dos outros países do exí-

---

54. Ver Rollemberg (1999:183) e Martins (1998:4).

lio latino-americano que proporcionavam oportunidades profissionais e crescimento intelectual. De acordo com Marini (1991:25-27): "O Panamá não podia ser mais do que um ponto de passagem" e "a situação política que vivia o país, com Torrijos, implicou uma boa acolhida aos asilados, junto com o desejo indisfarçado de que nos fôramos". Bambirra (1991:44), por sua parte, observava que: "Não houve nenhuma solidariedade por parte de instituições acadêmicas panamenhas. Apesar da benevolência do general Omar Torrijos, Manuel Noriega, o segundo homem – naquela época tinha boas relações com os EUA – submeteu vários exilados a vexames".

O México terminou sendo o destino dos três brasileiros. Todos chegaram em 1974, primeiramente Vânia, Theotônio e os filhos, e, mais tarde, Marini.

Nas suas memórias, os personagens deste estudo revelam que, apesar das dificuldades interpostas pelas ditaduras chilena e brasileira – na obtenção de autorização para os deslocamentos, por exemplo –, eles podiam "escolher" o destino conforme seus interesses, entre as várias oportunidades de trabalho que surgiam. Essas oportunidades eram geralmente fruto do esforço de grupos de esquerda espalhados por diversos países, argentinos, italianos, alemães, venezuelanos, entre outros.

Theotônio faz referência, por exemplo, aos convites que recebeu quando estava confinado na embaixada do Panamá no Chile: professor titular no Panamá; City University of New York (Cuny), New School for Social Research e Howard University, nos Estados Unidos; Starnberg Institute, na Alemanha; Universidade de Laval, na Bélgica. Descreve, em seguida, as dificuldades em aceitar tais convites – o governo chileno recusou-se a dar o salvo-conduto para sair do país e o dos Estados Unidos negou o visto. Mas Theotônio (1994:39) também relata a comovedora solidariedade de grupos de intelectuais pelo mundo afora, exemplificada pela pressão de políticos e por manifesto de intelectuais nos Estados Unidos, entre outros.

"Na época não pude agradecer a todos aqueles que intervieram tão solidariamente para salvar a minha vida no Chile, muitas vezes por desconhecer quais foram os autores dessas iniciativas, outras vezes pela depressão causada pelo conjunto da situação que nos fazia buscar olvidar tudo o que se referia à mesma".

A solidariedade e o reconhecimento dos pares também foram mencionados por Marini (1990:26): "Esses três meses permitiram-me sentir a impressionante solidariedade dos meus amigos, particularmente mexicanos, venezuelanos e italianos, e, ao mesmo tempo, constatar – não sem surpresa – o prestígio de que eu desfrutava na América Latina e na Europa". Bambirra (1991:44), por sua parte, ao referir-se à solidariedade, coloca o tema da seguinte forma:

> (No Panamá) apenas pude comprovar o prestígio internacional que havíamos adquirido, sobretudo no ambiente universitário, advindo dos nossos trabalhos. Havia solidariedade sim, mas não apenas isso. Muitos companheiros na mesma situação política não receberam sequer um convite, chegaram como intrusos consentidos nos países aonde se dirigiram. Nós recebemos muitas ofertas de trabalho em vários países.

Mesmo considerando que o memorial acadêmico tenha sido produzido com a intenção de evidenciar o positivo reconhecimento intelectual, os relatos corroboram a ideia de que o exílio, apesar do efeito paralisante, perturbador e depressivo, não foi, definitivamente, para esses autores fator de desagregação de seus contatos acadêmicos, intelectuais e políticos. Ao contrário, o exílio parece ter estimulado a formação de redes de solidariedade política, apoio pessoal e reconhecimento acadêmico. Conforme Denise Rollemberg (1999:299): "O exílio também foi vivido como ampliação de horizontes. Impulsionou a descoberta de países, continentes, sistemas e regimes políticos, culturas, povos, pessoas".

Na produção acadêmica e política desses autores, discutida nos próximos tópicos deste capítulo, evidenciou-se a "descoberta" da América Latina, a revisão crítica dos argumentos tipicamente emoldurados pela problemática brasileira, a renovação de diretrizes e estratégias políticas e um olhar mais crítico e cético para todo o contexto subcontinental. Ángel Rama (1998:235), ao estudar o exílio de outros intelectuais brasileiros na mesma época, faz o seguinte comentário, que serve para compreender essa "descoberta": "*A pesar de pertenecer al común denominador de América Latina han sido muy escasas las comunicaciones culturales o políticas entre Brasil y sus vecinos. Estos intelectuales descubrieron la existencia de Hispanoamérica, no sólo en sus singularidades políticas sino también en sus modos culturales: Mario Pedrosa en Chile, Ferreira Gullar en Buenos Aires, Darcy Ribeiro en Montevideo, Francisco Julião en México, si por un lado se constituyeron en embajadores de una cultura ignota ante los grupos antiimperialistas afines, por la otra hicieron experiencias de culturas desconocidas. Pienso que un libero imaginativo y talentoso como Las Américas y la civilización, de Darcy Ribeiro, hubiera sido imposible sin estos largos años de exilio que le permitieron recorrer y vivir por años en diversos países y zonas del continente*".

Na ânsia de reorganizar suas vidas, em todos os âmbitos – pessoal, familiar, profissional e político –, a partir de lugares que pareciam inóspitos pelas diferenças culturais e até idiomáticas, nossos personagens entraram em contato mais amiúde com seus colegas nos países de acolhimento e também onde encontravam solidariedade e amparo. Uma característica sempre mencionada em relação ao trabalho intelectual, que é o retraimento ou a solidão, teve de, necessariamente, diluir-se a partir da experiência do exílio. O intelectual foi arrancado de sua zona de conforto e confrontado com essa situação extrema, na qual é forçado a dialogar mais, a compreender o outro e, sobretudo, a ser compreendido. A abrangência dos projetos intelectuais e políticos, nessas situações, foi mais ampla do que aquela experimentada em situações sociais não traumáticas.

A situação do exílio ajudou na constituição de uma agenda nova, que incluía discutir os caminhos da redemocratização, o futuro do socialismo, a dependência, os rumos do capitalismo periférico e suas características e a experiência cubana, entre outros assuntos presentes na produção intelectual de nossos autores, analisados a seguir. O exílio criou uma zona de reflexão supranacional que permitiu ultrapassar a moldura das pesquisas sobre cada país, aproximando as preocupações políticas, teóricas e investigativas desses autores, adaptando-as ao espaço mundial e, sobretudo, latino-americano, tendo o marxismo como base de sustentação teórica.

As universidades mexicanas acolheram os brasileiros depois da estimulante experiência no Chile de Allende, a partir de 1974. Theotônio foi incorporado como investigador do Instituto de Investigações Econômicas da Unam e como professor titular da pós-graduação de ciências políticas e da Faculdade de Economia e Filosofia. Em 1975, tornou-se coordenador do doutorado em economia da Unam e, em 1978, chefe da divisão de pós-graduação da universidade, permanecendo nesses cargos até seu retorno ao Brasil, em 1979 (Martins, 1998:4). Vânia Bambirra foi contratada primeiramente como investigadora do Instituto de Investigações Sociais da Unam, depois, em 1977, prestou concurso para professora titular na Faculdade de Economia da universidade, onde assumiu tarefas docentes e ali permaneceu até a volta ao Brasil, em março de 1980. Ruy Mauro Marini assumiu, em 1974, o cargo de professor visitante no Centro de Estudos Latino-americanos (Cela), uma divisão da Faculdade de Ciências Políticas e Sociais da Unam. Trabalhou ativamente para a fundação e como colaborador da revista *Cuadernos Americanos*, desde 1974. Atuou como redator no suplemento dominical do jornal *Excelsior*, desde 1975, e em *El Sol de Mexico* e *El Universal*. A partir de 1977, encarregou-se de disciplinas e da orientação de teses e dissertações na pós-graduação da Escola Nacional de Economia, além de atender pedidos de aulas e conferências em diversas unidades da Unam. Ainda em 1977, fundou o Centro de Informação, Documentação e Análise do Movimento Operário na América Latina (Cidamo). Voltou ao Brasil, pela primeira vez depois da anistia, em dezembro de 1979, mas, em definitivo, somente em dezembro de 1984.

A maior parte da produção intelectual de Marini, Bambirra e Santos foi desenvolvida nos anos de exílio, quando o relacionamento entre eles, os encontros e as coincidências de percurso foram intensos. Bambirra resume a experiência com a seguinte frase: "Eu, que me formei no Brasil, me desenvolvi no Chile e me consolidei como cientista social no México, não posso deixar de reconhecer que toda essa experiência foi definitiva. É nesse sentido que digo, como acadêmica – e só nesse sentido –, bendito exílio" (Bambirra, 1991:60).

As marcas desse tortuoso percurso estão impressas em toda a produção intelectual, debates e polêmicas por eles protagonizados. O retorno ao Brasil depois da anistia também está inapelavelmente marcado por essa trajetória sinuosa.

A produção intelectual do grupo de Brasília: os elementos do vínculo

O grupo produziu uma enormidade de artigos científicos e jornalísticos, livros, textos para apresentação em congressos, simpósios e seminários, relatórios, quase todos publicados em espanhol ou inglês e editados em países como Argentina, Chile, México, Cuba, Itália, Alemanha e Estados Unidos. O livro *Revolución cubana: una reinterpretación*, de Vânia Bambirra, foi publicado no Chile e recolhido pela ditadura. Depois foi editado no México, em Portugal e no Japão! *Capitalismo e subdesenvolvimento na América Latina*, de André Gunder Frank, saiu em 1967, pela primeira vez, pela prestigiosa *Monthly Review Press*, a editora que pertencia a Paul Sweezy. Depois, foi traduzido em pelo menos oito outros idiomas. O artigo "Subdesarrollo y revolución en América Latina", de Ruy Mauro Marini, apareceu igualmente em 1967, primeiramente na revista *Tricontinental*, editada em Havana, em três idiomas – espanhol, inglês e francês – e distribuída mundialmente, sendo publicado também pela *Monthly Review* em espanhol, alemão e italiano. Em 1974, depois do golpe do Chile, Marini estabeleceu-se em Munique por alguns meses. Foi o período de maior difusão de sua produção intelectual:

> a quinta edição em espanhol de "Subdesarrollo y revolución" e sua tradução ao italiano e ao português, [...] as traduções alemã, italiana, holandesa e portuguesa de *Dialéctica de la dependencia*, enquanto vários trabalhos [...] se editavam, formalmente, na Alemanha e na Argentina e, informalmente, na Escandinávia, nos Estados Unidos, no Canadá e em países da América Latina [Marini, 1990:28].

Theotônio dos Santos publicou ininterruptamente, desde o primeiro artigo na *Revista Brasiliense*, em 1961, até 2011, a impressionante cifra de 164 artigos em revistas científicas de renome nacional e internacional. Conta com expressivos 110 livros publicados entre 1957 e 2011, em espanhol, inglês, francês, japonês, chinês, alemão; sem contar capítulos de livros, textos divulgados em jornais, trabalhos completos em anais de eventos científicos etc. Em 10 anos, entre 1967 e 1977, escreveu sete livros que, segundo ele, "sintetizam o esforço teórico incorporado em várias publicações e artigos traduzidos em mais de 16 idiomas e editados em mais de 40 países" (Santos, 1994:83).[55]

---

55. São eles: 1967 – *El Nuevo Caracter de la Dependencia*, Ceso, Santiago; 1968 – *Socialismo o fascismo: dilema latinoamericano*, PLA, Santiago; 1970 – *Dependencia y cambio social*, Ceso, Santiago; 1971 – *La crisis norte-americana y Amé-*

A enorme quantidade de trabalhos produzidos por Marini, Bambirra, Santos e Gunder Frank predominantemente fora do Brasil, no exílio, livros e artigos que foram igualmente publicados no exterior, não esclarece os motivos da grande repercussão de suas obras em tantos países e idiomas. O que explica a difusão desses textos é sua originalidade no campo das humanidades e ciências sociais. Eles procuraram explicar, em primeira mão, o desenvolvimento do capitalismo fora dos centros mundiais economicamente dominantes, fora dos Estados Unidos e da Europa, ou seja, queriam expor o capitalismo latino-americano. Mais do que isso, buscaram esclarecer o subdesenvolvimento e a dependência econômica dos países latino-americanos em relação aos centros hegemônicos do capitalismo.

Ainda que não tenham sido os únicos a examinar o subdesenvolvimento, as características do capitalismo periférico e as relações de dependência, sua abordagem distinguiu-se das interpretações mais correntes no final dos anos 1960.[56] A respeito dessa miríade de interpretações, Jaime Osório (1994:157) observa que a *"América Latina se convierte en el centro de atención de diversas corrientes teóricas, las que – más allá de sus diferencias de enfoques y respuestas – convergen en torno a ciertas preguntas y problemas"*. O próprio Osório ressalta que a "noção de dependência" se constituía como ponto de convergência entre as diversas correntes de opinião.

---

rica Latina, PLA, Santiago; 1972 — *Imperialismo y corporaciones multinacionales*, PLA, Santiago; 1972 — *Socialismo o fascismo, el dilema latinoamericano y el nuevo caracter de la dependencia*, PLA, Santiago. Edição atualizada no México, em 1975, por Edicol; 1977 — *Imperialismo y dependencia*, ERA, México.
56. Refiro-me às análises da própria Cepal que já haviam desenvolvido abordagem das relações entre centro e periferia; das interpretações dos partidos comunistas latino-americanos que apostavam na "revolução por etapas" e definiam a situação da América Latina como "nacional-democrática"; e o clássico estudo desenvolvido por Cardoso e Falleto no livro *Dependência e desenvolvimento na América Latina*, de 1969.

A mesma apreciação é feita por Carlos Eduardo Martins (2011:1), que destaca: "La teoría de la dependencia, como todo movimiento de ideas, fue un producto colectivo resultado de la crisis del modelo de sustitución de importaciones y del populismo, así como del inmenso volumen de investigaciones y de intercambio de ideas para su interpretación".

Por isso mesmo, por ser a "teoria da dependência" produto de várias correntes teóricas, definir as diferenças entre abordagens permite compreender quais foram os elementos que contribuíram para a conformação do grupo de intelectuais que começou a trajetória em Brasília e distinguiu-se das demais interpretações a respeito da "noção de dependência". Que fatores sociais e culturais mais abrangentes do que o percurso e as afinidades pessoais teriam contribuído para a constituição do vínculo entre Gunder Frank, Theotônio, Ruy Mauro Marini e Bambirra? De acordo com Williams (1999:140-142), caberia procurar "as ideias e posições que estão implícitas [...] uma vez que os conceitos aos quais tais grupos são referidos pertencem, essencialmente, às definições e perspectivas dos próprios grupos"! Em relação à produção intelectual, interessa focalizar a análise "naquilo que eles realizaram e no que seus modos de realização podem nos dizer sobre a sociedade com a qual eles estabelecem relações, de certo modo, indefinidas, ambíguas".

A compreensão da gênese do grupo poderia ser explorada, nesse sentido, pelas definições e perspectivas deles próprios; como se autodenominaram e quais os indicativos de que suas perspectivas eram as mesmas e diferiam das demais? O que realizaram – produção intelectual e atividades políticas e profissionais – e quais foram as estratégias dessa trajetória – como realizaram? Outro caminho será procurar perscrutar essas "ideias e posições que estão implícitas".

A origem do grupo aponta um dos caminhos para essa análise: a proximidade na UnB e a posição política militante na Polop são indicativas de uma raiz comum. Theotônio dos Santos (1994:21) reconhece que a universidade teve um importante papel na formação do grupo:

> A UnB foi uma experiência extremamente rica no campo pedagógico, mas também pelo contato com o que havia de mais ousado na intelectualidade brasileira. Foi na UnB também que conheci André Gunder Frank e iniciamos sistematicamente uma colaboração de décadas com Ruy Mauro Marini que, junto com minha então esposa Vânia Bambirra, formamos um trio polemizado no mundo inteiro.

Neste trecho, escrito em 1994, portanto mais de 30 anos depois da passagem do grupo pela UnB, ele fornece algumas pistas para a autodefinição do quarteto, ou do trio, como ele prefere: "o que havia de mais ousado na intelectualidade brasileira" e "um trio polemizado no mundo inteiro". O grupo de Brasília passou, assim, a ser conhecido e reconhecido pelo seu radicalismo, por enfrentar polêmicas em todos os ambientes intelectuais nos quais estiveram e foram publicados e por não aceitar o "*mainstream*" intelectual em qualquer circunstância.

Além disso, ainda no campo das relações que, como grupo, mantiveram com a sociedade, mais especificamente com o ambiente intelectual brasileiro da época, sobressai a rejeição de todos eles aos projetos de aliança de classe. Theotônio, Vânia, Ruy Mauro Marini e Gunder Frank não concordavam com a suposta capacidade da burguesia nacional de avançar nas reformas sociais. Também se opunham ao pensamento desenvolvimentista, então hegemônico entre os intelectuais, políticos e cientistas sociais brasileiros.

Em 1962, Theotônio dos Santos escreveu um pequeno livro intitulado *Quais são os inimigos do povo?*, parte da coleção Cadernos do Povo Brasileiro, editada pela UNE com o objetivo pedagógico de conscientizar as classes oprimidas dos problemas do Brasil. Advertia para a impossibilidade de solução dos problemas nacionais mediante a "união de classes". No texto, criticava o apoio da maior parte da esquerda brasileira ao governo João Goulart e se opunha ao entendimento majoritário entre a intelectualidade de esquerda de que uma parte da burguesia brasileira era suficientemente nacionalista para levar adiante a chamada revolução democrático-burguesa, que teria como objetivo eliminar os "resquícios feudais", considerados responsáveis pelo atraso: "Os trabalhadores [...] são comandados por homens de outras classes que, apesar de defenderem alguns interesses dos trabalhadores, não os podem defender até o fim, pois em certo ponto teriam que assumir atitudes contra a sua classe, se quiserem levar adiante essa defesa". E discutia sobre os "líderes populistas: [...] que se apresentam como amigo do trabalhador, como pais do trabalhador (Getúlio, Ademar, João Goulart etc.), e dão a entender que resolverão os problemas do povo porque estão ao seu lado [...]. Mas, em vez de mostrar os direitos que o povo tem, transformam-nos em humilhante dádiva que concedem às camadas populares" (1962:14). Não significa que Theotônio estivesse defendendo um Estado governado por trabalhadores para trabalhadores. Nesse aspecto, defende a liderança de uma vanguarda, tema a ser aprofundado no subcapítulo sobre os rumos do socialismo.

A crítica de Theotônio à aliança de classes vai mais longe. Atacava a ideologia do nacionalismo: "O nacionalismo burguês ou de direita é aquele que pretende reunir todo o povo brasileiro e seus exploradores nacionais contra o inimigo comum estrangeiro. Este nacionalismo descamba, na maioria das vezes, para a patriotada ou para o oportunismo" (1962:26). Ao discutir esse aspecto, ingressava em outra temática que identificou o grupo de Brasília, a questão do imperialismo como componente internalizado na sociedade brasileira e não como fenômeno externo. Ao se referir à burguesia nacionalista, advertia: "são vacilantes na sua oposição ao imperialismo com o qual têm muitos pontos em comum, e tendem mais à conciliação do que à luta" (1962:27).

Ruy Mauro Marini (1969:c.1) compartilhava essa visão sobre a aliança de classes e avançou na caracterização do capitalismo na América Latina. Segundo ele, os interesses da burguesia nacional colidiam com os do capital internacional quando a primeira assumia como objetivo desenvolver seu próprio setor de bens de capital. Para ele, a "ideologia nacionalista" surgiu como reação ao assédio do capital estrangeiro, e o nacionalismo orientou a burguesia na "definição de um modelo capitalista autônomo". Entretanto, para compensar a falta de divisas para importar máquinas e insumos intermediários, a burguesia fizera concessões ao setor agroexportador; para compensar o lento crescimento do mercado interno, a burguesia aumentava os preços, gerando inflação, e procurava economizar com a mão de obra que, em constante expansão, era submetida à superexploração. Com o qual, Ruy Mauro conclui,

> *este fenómeno, claramente manifiesto en la aceleración de la inflación y luego en las políticas de "estabilización", así como en la renuncia a realizar una reforma agraria efectiva, da como consecuencia la ruptura de la base en que se apoyaba la política bonapartista. Al transigir con las antiguas clases dominantes, la burguesía industrial tuvo que abandonar su fraseología revolucionaria, el tema de las reformas de estructura, las políticas de redistribución del ingreso. Con ello se divorció de las aspiraciones de las grandes masas y echó por tierra la posibilidad de mantener con ellas una alianza táctica. Este proceso se completó con la renuncia de la burguesía a llevar a cabo una política de desarrollo autónomo* [1969: c.1].

Nessa passagem fica evidente a rejeição de Ruy Mauro Marini à acalentada "aliança de classes" e aos desígnios autonomistas dessa suposta burguesia nacional.

Ruy Mauro Marini também aborda o imperialismo, temática que distinguiu o grupo de Brasília das demais interpretações da realidade brasileira da época. Segundo ele, o assédio dos capitais estrangeiros se intensificava ao mesmo tempo em que fracassavam os esforços da burguesia nacional para ampliar sua capacidade de importação mediante aumento das exportações nos setores tradicionais. Com isso, a burguesia nacional aceitava o ingresso de capitais na forma de inversões diretas, de repasse de maquinário obsoleto das economias centrais. Como consequência,

> *la burguesía industrial latinoamericana evoluciona de la idea de un desarrollo autónomo hacia una integración efectiva con los capitales imperialistas y da lugar a un nuevo tipo de dependencia, mucho más radical que el que rigiera anteriormente.* [...] *el imperialismo reproduce así en las economías periféricas de América Latina los mismos rasgos fundamentales que afirmó en las economías centrales, en su tránsito hacia la integración de los sistemas de producción.*

Vânia Bambirra (1977:5) reforçou as ideias mencionadas por Marini no texto "Teoria de la dependencia: una anticrítica". Explica o "novo caráter da dependência", que "começa a se configurar a partir do pós-guerra" e prevê o ingresso de capitais internacionais não apenas no setor primário-exportador, mas também no setor manufatureiro. Segundo ela, "*la consecuencia de este proceso en el plano político fue sin duda el abandono realista, por parte de las burguesías nacionales del nacionalismo populista, es decir, de la ideología que preconizaba el desarrollo nacional antimperialista con base en la pretendida alianza con las clases dominadas*". Observe-se o uso do termo "nacionalismo populista" como expressão prática da projetada "aliança de classes", ambos duramente criticados pelo grupo.[57] Vânia prossegue: "*esa pretendida alianza era algo quimérico en el escenario sociopolítico que se configura en América Latina a partir del comienzo de los años sessenta*".

---

57. Essa discussão foi feita no item 4 do capítulo 1.

No capítulo IV do livro *Capitalismo e subdesenvolvimento na América Latina*, escrito em 1964 antes do golpe militar, Gunder Frank (1965:5) discute a tese dos "resquícios feudais" na economia brasileira. Segundo ele, o ensaio foi escrito em "*íntimo contacto con las figuras y las corrientes políticas*" de Brasília e "*se dirige clara y específicamente a importantes problemas de caracter político*". No prefácio da primeira edição do livro, Gunder Frank afirmava que nenhuma parte da economia brasileira é feudal e que, por isso, "*la opinión de que el capitalismo debe penetrar aún en el resto del país es científicamente inaceptable, y la estrategia política que la acompaña – apoyar la burguesía en su esfuerzo por extender el capitalismo y completar la revolución democrático-burguesa – es políticamente desastrosa*".

Gunder Frank (1965:148) menciona Octávio Ianni, Paul Singer, Celso Furtado, Nelson Werneck Sodré e Fernando Henrique Cardoso como exemplos de autores que aceitam integral ou parcialmente a tese do feudalismo ou da existência de traços feudais na economia brasileira. Para ele, mesmo a aceitação parcial ou a ideia da existência de meros resquícios feudais "contamina a percepção da realidade". Na conclusão do capítulo, adverte: "*El análisis hecho aquí pone en duda la base teórica no sólo de la ideología burguesa, sino también de los partidos comunistas de Brasil y otras partes de América Latina que formulan sus programas y sus alianzas con la burguesía sobre la premisa de que la revolución burguesa se está todavía por hacer*" (Gunder Frank, 1965:176).

Gunder Frank, Theotônio, Ruy Mauro Marini e Bambirra não eram os únicos intelectuais brasileiros que se contrapunham à tese do feudalismo/traços/resquícios feudais. Inclusive, para comprovar a inexistência de feudalismo ou de traços feudais no Brasil, Gunder Frank se apoia em dois títulos de Caio Prado Jr., a saber, um artigo da *Revista Brasiliense*, intitulado "Contribuição para a análise da questão agrária no Brasil", de 1960, e no livro *História econômica do Brasil*, de 1962, entre outros autores. No entanto, nos dois títulos mencionados, Caio Prado Jr. fazia uma discussão sobre o caráter da agricultura brasileira, enquanto o grupo de Brasília ia mais longe: se opunha à tese da aliança estratégica entre o proletariado e a burguesia nacional e contrariava a ideia de uma tendência nacionalista da burguesia brasileira e de sua suposta capacidade de rompimento com o imperialismo ou do desenvolvimento autônomo do capitalismo.[58]

O vínculo entre os intelectuais do grupo de Brasília se estabelece, sobretudo, porque são eles que utilizam o conceito de dependência como eixo que explica o desenvolvimento capitalista no Brasil em uma perspectiva marxista, que rejeita teses estagnacionistas e que compreende o imperialismo como um elemento internalizado na estrutura de classes brasileira, além de se posicionarem contrários à possibilidade de aliança com a burguesia nacional.

Uma pista sugestiva do vínculo e das possíveis "ideias e posições implícitas" está no prefácio da revista *Latin American Perspectives*, em um número intitulado "Dependency and marxism", inteiramente dedicado à teoria da dependência e ao marxismo. De acordo com o organizador da publicação, Ronald Chilcote (1981:3), *"students of dependency have struggled over the past decade to integrate their ideas with a theory of Marxism"*.[59] Esse aspecto distingue os autores deste estudo, ou seja, eles reivindicam a relação entre a análise da dependência e o marxismo.

Segundo Bambirra (1977:4), os antecedentes teóricos e políticos do conceito de dependência, tal como era utilizado pelo grupo – e ela se refere especificamente a Ruy Mauro Marini e Theotônio –

---

58. Essa interpretação somente aparece em Caio Prado Jr. no livro *A revolução brasileira*, de 1966.
59. "Estudiosos da dependência têm lutado ao longo da última década para integrar suas ideias à teoria do marxismo"

vinha de uma "vasta tradição histórica polêmica no seio do pensamento marxista ao largo de sua evolução".

Conforme aludido no primeiro capítulo, a investigação sobre o conteúdo concreto da dependência como relação contraditória entre os países economicamente mais desenvolvidos e os países subdesenvolvidos era objeto de análise de centros de pesquisa, universidades e até de partidos políticos. Para Ruy Mauro Marini, Vânia Bambirra, Theotônio dos Santos e Gunder Frank, no entanto, não se tratava apenas de explicar a ocorrência de uma relação de dominação e subordinação entre países e de apontar as possíveis soluções para os problemas decorrentes dessa relação. Eles pretendiam constituir um *corpus* teórico, baseado no marxismo, que fosse capaz de entender o funcionamento peculiar das sociedades periféricas, sem considerar necessariamente as relações entre países como fundamento da análise. Para isso, formularam estratégias metodológicas que procuravam aproximar e adaptar as leis gerais do desenvolvimento capitalista à realidade dos países subdesenvolvidos.

Entre essas estratégias metodológicas, destaca-se a constituição de conceitos originais, criados especialmente para explicar o desenvolvimento e as contradições do modo de produção capitalista na periferia do sistema, como superexploração do trabalho, subimperialismo, desenvolvimento do subdesenvolvimento.

Marini (1973:193) explica a questão metodológica enfatizando a necessidade de situar o todo – sistema capitalista – e as partes – economia dependente: "A tarefa fundamental da teoria marxista da dependência consiste em determinar a legalidade específica pela qual se rege a economia dependente. Isso supõe, desde logo, situar seu estudo no contexto mais amplo das leis de desenvolvimento do sistema em seu conjunto e definir os graus intermediários pelos quais essas leis se vão especificando. É assim que a simultaneidade da dependência e do desenvolvimento poderá ser entendida". Vânia

Bambirra (1977:27) também defende abertamente uma atitude crítica diante do método: "Ser marxista é ser criador". Defende a utilização de autores como Lenin e Rosa de Luxemburgo para compreender o capitalismo na América Latina, mas também propõe a utilização de conceitos elaborados por autores latino-americanos para compreender a dependência.

Empenhados em compreender a dependência como um todo e constantemente envolvidos em disputas políticas e teóricas, Gunder Frank, Vânia Bambirra, Theotônio dos Santos e Ruy Mauro Marini elaboraram interpretações sobre várias áreas do conhecimento, como economia, política, relações internacionais, história, e empenharam-se também em análises de conjuntura. Por isso, circulando em muitos campos, os autores marxistas da teoria da dependência explicitaram pouco as opções metodológicas que giraram em torno das perspectivas comparativa, historicista, estruturalista. É possível inferir sobre essas opções na leitura das obras, sem que, entretanto, haja uma declaração de princípios a respeito, a não ser em rápidas passagens.

Interessa mencionar que as diferenças teóricas e metodológicas entre as análises de Theotônio, Bambirra, Ruy Mauro Marini e Gunder Frank e as dos outros autores, correntes ou grupos que também se apoiavam no conceito de dependência como eixo central da análise teve como resultado a atribuição de qualificativos aos membros do "grupo de Brasília". Ao mesmo tempo, houve uma disputa no que se refere à paternidade da chamada teoria da dependência.

Entre as principais denominações que o grupo recebeu destacam-se "teoria marxista da dependência", "corrente radical da teoria da dependência", "vertente de esquerda da teoria da dependência", "neomarxistas" ou "trotskistas". As duas primeiras denominações são aceitas e assumidas pelos autores assim designados. A alcunha "vertente de esquerda da teoria da dependência" foi mencionada em primeira mão por Agustín Cueva (1979:15-39), no ensaio "Problemas y perspectivas de la teoria de la dependencia". O artigo deu origem à polêmica entre o grupo e o autor. O ensaio anuncia desde o início a intenção de analisar a "vertente de esquerda da teoria da dependência" para "compreender seus principais supostos e seu desenvolvimento tortuoso", e termina concluindo que a teoria da dependência desencadeou a abertura de uma "caixa de Pandora": *"eje teórico omnimodo sobre el cual podían moverse desde los autores cepalinos hasta los neo-marxistas"*. Também denomina essa "corrente de esquerda da teoria da dependência" de "neomarxistas", que acabaria afastando-se do marxismo clássico. Segundo Cueva, portanto, a grande variedade de vertentes que o conceito de dependência mobilizou acabou tornando inoperante a instrumentalização teórica pretendida.

O qualificativo neomarxista foi utilizado igualmente por Guido Mantega (1997:25) em relatório de pesquisa em que classifica Theotônio, Marini e Gunder Frank como "neomarxistas" sem explicar o termo. Em nota de rodapé, procura esclarecer: "Via de regra esses pensadores são enquadrados no rol da teoria da dependência mais em função do objeto de análise, as sociedades dependentes, do que propriamente em função da abordagem teórica, do diagnóstico e do projeto político, que a meu ver guardam uma grande distância das teses centrais dessa teoria" (1997:25, nota 13). No capítulo V do referido relatório, Mantega (1997:28) classifica como "dependentistas aqueles pensadores que fizeram um esforço de superação das teses cepalinas, estagnacionistas e neomarxistas, e conseguiram desenvolver uma nova abordagem do capitalismo brasileiro...". Apesar de admitir que "a rigor, não existe uma conceituação precisa para definir o que de fato é a teoria da dependência e quais são os trabalhos que se enquadram nela" (1997:27), Mantega excluiu Frank, Marini e Santos a pretexto de que "compartilhavam a tese da inviabilidade do desenvolvimento do capitalismo na periferia" (Mantega 1997:28).[60]

A seguir, Mantega enumera os autores da "nova esquerda" que, do seu ponto de vista, eram os representantes da teoria da dependência, entre os quais figura com rotundo destaque o sociólogo paulista Fernando Henrique Cardoso.

Sobre as relações entre a teoria da dependência e o marxismo, em artigo intitulado "Marxismo na economia brasileira", no volume II da coleção *História do marxismo no Brasil*, coordenado por João Quartim de Moraes, Mantega (1995) se refere aos personagens deste texto: "A ideia de superexploração da força de trabalho brasileira seria generalizada e aprofundada na década de 1960 por Rui (sic) Mauro Marini e Theotônio dos Santos, os principais teóricos de uma corrente importante dentro do marxismo brasileiro".

Mesmo reconhecendo a importância teórica da "corrente" representada por eles, Mantega preferiu limitar-se a esse comentário e despender três páginas, de 116 a 118, analisando o estudo de Fernando Henrique Cardoso e Enzo Falleto *Dependência e desenvolvimento da América Latina*. Observo, no entanto, que qualquer aproximação entre esse livro, publicado em 1970, ou seus autores e o materialismo histórico, ou o marxismo, é, no mínimo, duvidosa.

Além disso, Mantega (1995:102 e 114) menciona o grupo de leitura de *O capital* coordenado pelo filósofo José Arthur Gianotti na USP como "um passo decisivo em direção a uma análise materialista dialética da sociedade brasileira". Novamente observo que ignorou solenemente os demais grupos de leituras marxistas formados em todo o país na mesma época.

---

60. As teses de Gunder Frank, Marini, Santos e Vânia Bambirra evidenciam o contrário do afirmado por Mantega. No próximo subcapítulo sobre a produção acerca do desenvolvimento do capitalismo na periferia, o assunto será discutido com base nos textos dos autores.

A insistência de Mantega em afastar o grupo de Brasília da teoria da dependência e do marxismo, classificando-os com a inexplicável denominação de "neomarxistas", e a obstinação em referenciar Fernando Henrique e outros como os verdadeiros representantes dessas correntes de pensamento não condiz com a produção intelectual dos autores mencionados.

O livro de quase 500 páginas de Ricardo Bielschowsky (2000:195), *O pensamento econômico brasileiro (1930-1964): o ciclo ideológico do desenvolvimentismo*, faz uma rápida menção a Ruy Mauro Marini e a Theotônio, nomeando-os trotskistas, e alude também à influência da obra de Gunder Frank em uma referência confusa. Segundo ele, o conteúdo econômico do debate nos textos dos socialistas era "pobre em novidades e em capacidade analítica" e "parece que esteve ausente do debate até mesmo a inovação analítica que começava a servir de respaldo à argumentação econômica sobre a inviabilidade do desenvolvimento capitalista na América Latina, isto é, as ideias dependentistas de Gunder Frank. O exame de textos de trotskistas como Rui (sic) Mauro Marini e Teotônio (sic) dos Santos confirma essa hipótese". Da bibliografia de Bielschowsky constam apenas um livro e um artigo de Gunder Frank e nenhuma obra dos outros dois autores mencionados.

Um estudo de Gabriel Palma publicado em 1978 na revista *World Development* intitulado "Dependency: a formal theory of underdevelopment or a methodology of the analysis of concrete situations of underdevelopment?" trouxe à tona uma questão que deixou de ser posteriormente debatida e mereceria um exame mais detalhado. Procurava entender as análises marxistas sobre as sociedades latino-americanas como parte da teoria do imperialismo (1978:6). Segundo ele, existiram três diferentes aportes sobre a dependência, mas não se constituiu uma teorização formal para explicar o subdesenvolvimento. O aporte original da teoria da dependência teria sido, segundo essa perspectiva, criar uma metodologia de análise de situações concretas de subdesenvolvimento.

Este último tema, apesar de abordado precocemente, desde os primeiros debates a respeito da teoria, tornou-se assunto recorrente, pois a atribuição da paternidade da teoria continuou sendo motivo de polêmica. Diferenciar teoria da dependência e marxismo poderia ser uma forma de explicar a existência de diversas correntes de pensamento que, diante das mesmas perguntas e problemas, encontraram soluções e respostas divergentes. O mérito de ter criado a teoria não é o principal motivo da discussão, mas trata-se, sobretudo, de esclarecer os motivos da omissão dos marxistas entre aqueles que contribuíram para a constituição de um *corpus* conceitual original e historicamente ajustado para explicar o mundo periférico como um todo.

Em relação à paternidade da teoria da dependência, evidencia-se uma disputa relativa a distintos projetos políticos para o país. Theotônio observa: "Não quero entrar aqui no debate sobre quem iniciou a teoria da dependência. Fernando Henrique Cardoso e André Gunder Frank reivindicam muito sua autoria. Eu sou apontado por vários autores como seu fundador. Na verdade, como todo movimento de ideias, a teoria da dependência foi um produto coletivo, resultado da crise do modelo de substituição de exportações e do movimento populista na América Latina. No interior do movimento, formaram-se várias correntes e orientações diferenciadas que vão se separar com o correr do tempo" (Santos, 1994:30).[61]

Vânia Bambirra também se manifesta a respeito das diferenças entre as correntes reunidas pela denominação teoria da dependência. Segundo ela, uma tendência era comum a todas as correntes: "a definição básica histórico-estrutural passou a ser comum, explícita ou implicitamente, a todos aqueles teóricos que podem ser consi-

---

61. Fernando Henrique Cardoso e Enzo Falleto foram considerados os fundadores da teoria da dependência a partir do livro *Dependência e desenvolvimento na América Latina*, publicado pela primeira vez em 1969.

derados como da corrente dependentista. (Não vou estar aqui, na polêmica de quem precisou o conceito em primeiro lugar, pois não vem de nenhuma maneira ao caso). Porém, o que distinguia o enfoque específico da nossa equipe – similar, por exemplo, ao de Ruy Mauro Marini, quem então vivia no México – era a utilização da metodologia e das categorias de análises marxistas. Mais do que isso: a criação de novas categorias analíticas essenciais para compreender e explicar fenômenos novos, que não haviam sido vividos e, portanto, nem pensados pelos clássicos marxistas. Utilizávamos o marxismo com familiaridade. Pensávamos que estávamos mais que utilizando seu instrumental teórico e metodológico, recriando-o na medida em que incorporávamos a ele novos conceitos. Isso é a essência do marxismo, pelo que sempre entendi da sua concepção histórica. Não se tratava propriamente de profaná-la, mas de abrir novos caminhos analíticos e fazê-lo rejuvenescer" (Bambirra, 1991:22).

Segundo Marini (1973:194), a diferenciação entre correntes e orientações da teoria da dependência tem como ponto de partida a questão metodológica, que faz questão de salientar: "É avançando nesta direção que aceleraremos o parto da teoria marxista da dependência, libertando-a das características funcional-desenvolvimentistas que lhe aderiram em sua gestação". A frase sugere, portanto, que a teoria da dependência nasceu "marxista" e foi "impregnada" de pensamento funcional-desenvolvimentista no início do seu percurso.

Segundo a visão dos autores aqui analisados, a disputa em torno da fundação da teoria da dependência está relacionada a um "desvio" das origens oriundas do arcabouço teórico inicial. Para Vânia, Ruy Mauro Marini, Theotônio e Gunder Frank, esse "desvio" foi realizado pelos grupos funcionalistas e desenvolvimentistas. Por isso, a alcunha "marxista" permitia que o "grupo de Brasília" se diferenciasse das demais correntes presentes no início do percurso e responsáveis por esse "desvio" indevido.

Além disso, Marini, Santos, Bambirra e Gunder Frank aceitaram a alcunha de "radicais" e assim passaram a se autodenominar. No entanto, é bom salientar que a palavra *radical* carrega um significado pejorativo no ambiente político brasileiro, sempre enaltecido como positivamente conciliador.

O capitalismo dependente: teorias para explicar a América Latina

As análises sobre o capitalismo na América Latina foram predominantes na produção intelectual dos representantes "radicais" ou "marxistas" da teoria da dependência. Essas análises geraram as principais polêmicas do grupo com outros intelectuais e serviram para diferenciá-los de outras correntes que se preocupavam com a temática da dependência.

O livro de André Gunder Frank *Capitalismo y subdesarrollo en América Latina* (1965) inaugurou as interpretações dependentistas sobre o capitalismo latino-americano.[62] Gunder Frank resgata a noção de totalidade (Assadourian, 1971:47-82) ao definir o subdesenvolvimento, ou o desenvolvimento do capitalismo na periferia, como parte do mesmo sistema e da mesma "etapa" de expansão e desenvolvimento do modo de produção capitalista como um todo. Do ponto de vista político, essa tese servia aos propósitos daqueles que defendiam estar a revolução socialista na ordem do dia na América Latina, contrariando a ideia dos defensores da necessidade de uma revolução democrático-burguesa com antecedência aos anseios socialistas. Esse aspecto político será discutido no próximo tópico do capítulo que trata da adesão incondicional do grupo ao socialismo.

---

62. Ver nota 43.

O que interessa neste ponto é compreender quais as origens das teses dependentistas sobre o modo de produção capitalista.

Gunder Frank sofreu críticas contundentes a suas teses, que ficaram conhecidas como "pancapitalistas", por caracterizar o conjunto da história latino-americana desde o século XVI como capitalista e, dessa forma, empobrecer e simplificar a caracterização do passado colonial. Foi acusado de prestar atenção apenas ao aspecto da circulação de mercadorias, que de fato parecia englobar simultaneamente os países desenvolvidos e os coloniais no mesmo sistema, sem atentar para os aspectos da produção e, sobretudo, para as relações sociais de produção em cada formação econômico-social. Assim, se, de um lado, o livro de Frank tinha a virtude de "resgatar a totalidade", rechaçar as teses sobre sistemas econômicos diferentes no centro e na periferia (cepalinas e desenvolvimentistas), rebater a ideia de etapas de Rostow[63] e contrapor-se aos defensores da revolução democrático-burguesa (PCB), de outro lado, provocou a reação dos historiadores marxistas que, para criticar o autor, foram forçados a "pensar em termos rigorosos o problema da caracterização das sociedades latino-americanas depois da conquista europeia" (Martínez Baracs, 1994:204).

Seja como for, não há como ignorar o legado e a influência de Gunder Frank para os autores brasileiros estudados neste livro no que se refere ao entendimento da dinâmica entre a economia da América Latina desde a conquista em estreita consonância com o capitalismo mundial.

Em *Dialética da dependência*,[64] Ruy Mauro Marini (1973:111) assinala que: "a conhecida fórmula de André Gunder Frank sobre

---

63. Ver tópico 2 do capítulo 1, "A hegemonia das teorias do desenvolvimento".
64. A versão do livro de Ruy Mauro Marini utilizada neste livro está disponível em: <http://bibliotecavirtual.clacso.org.ar/ar/libros/secret/critico/marini/04dialectica2.pdf>.

o 'desenvolvimento do subdesenvolvimento' é impecável, como impecáveis são as conclusões políticas que ela conduz. As críticas que lhe são dirigidas representam muitas vezes um passo atrás nessa formulação". Em seguida, aponta o que considera a debilidade de Frank no que se refere ao estudo do capitalismo na América Latina: não discernir entre a situação colonial e a situação de dependência (Marini, 1973:112).

Para Marini, a articulação da América Latina com a economia mundial somente se realiza plenamente depois de 1840, com o surgimento da grande indústria, que estabelece as bases sólidas para a Divisão Internacional do Trabalho (DIT). Depois de explicar com detalhes a DIT, introduz o tema do intercâmbio desigual, não para justificar o subdesenvolvimento, tal como fizeram os economistas da Cepal, mas para demonstrar como o capitalismo latino-americano procurava solucionar a questão da queda da taxa de lucro decorrente da diferença de valores entre as mercadorias exportadas e as importadas. A chave para entender o capitalismo latino-americano era, para ele, compreender como os capitalistas dependentes buscavam compensar o intercâmbio desigual por meio do mecanismo da "superexploração do trabalho":

> Desenvolvendo sua economia mercantil, em função do mercado mundial, a América Latina é levada a reproduzir em seu seio as relações de produção que se encontravam na origem da formação desse mercado, e determinavam seu caráter e sua expansão. Mas esse processo estava marcado por uma profunda contradição: chamada para contribuir com a acumulação de capital com base na capacidade produtiva do trabalho nos países centrais, a América Latina teve que fazê-lo mediante uma acumulação baseada na superexploração do trabalhador. É nessa contradição que se radica a essência da dependência latino-americana [Marini, 1973:131-132].

As análises de Marini sobre a industrialização latino-americana completam seus argumentos sobre o que chamou de "capitalismo dependente" (1973:131). Segundo ele, as correntes desenvolvimentistas que observaram o crescimento da industrialização em alguns países latino-americanos no período entre guerras, claramente relacionado com a crise da economia capitalista internacional, supuseram "que o movimento excêntrico que apresentava a economia exportadora começava a se corrigir, e que o capitalismo dependente orientava-se no sentido de uma configuração similar à dos países industriais clássicos" (1973:137). Marini alerta para a aparência de similaridade entre as economias "industrial dependente" e "industrial clássica": a criação de mercado interno baseado em uma crise da acumulação baseada na produção para o mercado externo criava uma indústria débil que só se ampliava quando os fatores externos fechavam parcialmente o acesso da esfera alta de consumo para o comércio de importação: "A industrialização latino-americana não cria, portanto, como nas economias clássicas, sua própria demanda, mas nasce para atender a uma demanda preexistente, e se estruturará em função das exigências de mercado procedentes dos países avançados." (1973:140). A partir daí, segue explanando as etapas da industrialização nos países dependentes, do progresso tecnológico e do fluxo de capitais, para concluir que o desenvolvimento do capitalismo nas economias dependentes também permitiu que a economia brasileira, mas não apenas ela, se diferenciasse, levando bem adiante a industrialização, com a criação, inclusive, de uma indústria pesada. Mas afirma que isso ocorreu em função do subimperialismo[65] e de um Estado militarista de tipo prussiano (1973:149).

---

65. Conceito definido no livro *Subdesarrollo y revolución* (1969), em que Marini se dedicou a explicar a integração do Brasil com o capitalismo mundial no período da ditadura.

No artigo intitulado "Sobre a dialética da dependência", publicado na *Revista Latinoamericana de Ciencias Sociales*, em 1973, esclarece que sua intenção em *Dialética da dependência* era estudar as "leis de desenvolvimento do capitalismo dependente". Aclara seu ponto de vista sobre a superexploração do trabalho como forma de compensar a queda da taxa de lucro na periferia, ao mesmo tempo em que rebate a crítica de que estaria negando a possibilidade de transitar da mais valia absoluta para a mais valia relativa. Esclarece, em primeiro lugar, que não considera a primeira forma de exploração do trabalho como não capitalista e explica que a "superexploração não corresponde a uma sobrevivência de modos primitivos de acumulação de capital, mas que é inerente a esta e cresce correlativamente ao desenvolvimento da força produtiva do trabalho" (Marini, 1973:190-194). Assim, tanto na periferia quanto no centro do sistema, mais-valia absoluta e relativa convivem para incidir positivamente na acumulação capitalista, sendo que "a maior ou menor incidência das formas de exploração e a configuração específica que elas assumem modificam qualitativamente a maneira como ali incidem as leis de movimento do sistema e, em particular, a lei geral da acumulação de capital" (1973:192). O que importa ainda é "determinar o caráter que assume na economia dependente a produção de mais-valia relativa e o aumento da produtividade do trabalho" (1973:193). Neste ponto, explica o tema do subimperialismo: mesmo as sociedades mais industrializadas da economia dependente "tendem a obstaculizar seu trânsito desde a produção de mais-valia absoluta à mais-valia relativa enquanto forma dominante nas relações entre capital e trabalho" (1973:194), tendo como resultado a formação de um exército industrial de reserva, o estrangulamento da capacidade de realização da produção etc. A compensação dessas economias nacionais dependentes ocorre, portanto, mediante a reprodução dos mecanismos imperialistas direcionados aos países com menor capacidade de realização da produção industrial.

Os estudos de Vânia Bambirra sobre o capitalismo na América Latina e no Brasil se referem justamente ao processo de industrialização, focalizando na experiência concreta dos países subcontinentais. O livro mais conhecido de Bambirra sobre o tema é *El capitalismo dependiente latino-americano*, publicado em 1974, resultado dos estudos no grupo de pesquisa coordenado por Theotônio dos Santos[66] no Ceso da Faculdade de Economia da Universidade do Chile. O primeiro resultado da pesquisa apareceu mimeografado em 1970 para discussão interna do grupo. Uma nota prévia, datada do "verão de 1971" e publicada na edição de 1979, revela que o objetivo era "somar-se ao esforço de uma parte dos cientistas sociais do continente que se propunham a superar o pensamento desenvolvimentista, empreendendo a tarefa de colocar as bases para o desenvolvimento da teoria marxista da dependência". Ao mesmo

---

66. De acordo com Theotônio, em seu Memorial (1994): "Em 1967, consegui criar no Ceso uma equipe de pesquisa sobre a dependência econômica da América Latina. Essa equipe produziu um conjunto de obras que marcaram muito as ciências sociais na região, conforme vários depoimentos". Menciona como exemplo o depoimento de Vladimir Davydov, professor de economia, membro do Instituto de Latinoamérica de la Academia de Ciencias de Rusia, no seu artigo na revista *América Latina*, da Academia de Ciências da URSS: "Nos fins da década de 60, um grupo de sociólogos formado sob a direção de Theotônio dos Santos no Centro de Estudos Socio-Econômicos (Ceso) da Universidade do Chile criou as bases de uma nova corrente ideológica. O núcleo do grupo estava integrado por emigrados brasileiros, entres os quais (ademais de dos Santos) figuravam conhecidos pesquisadores [...] O grupo Ceso desenvolveu uma crítica argumentada contra a escola cepalina, ao mesmo tempo que se separava das concepções simplistas tipo modelo de Frank. Elegeram como principal objeto de análise a dependência, convertendo-a em categoria metodológica básica. Por isto, não é casual que os representantes desse grupo começaram a ser denominados como dependentistas na literatura sociológica latino-americana. Dos Santos e seus partidários colocaram-se a tarefa de criar sobre a base do marxismo uma nova teoria que explicasse as particularidades socioeconômicas da periferia latino-americana do capitalismo mundial em sua fase imperialista".

tempo em que manifesta consciência de estar contribuindo para uma parcela definida como marxista daqueles que, na época, apostavam na "dependência" como eixo explicativo para o capitalismo latino-americano, Bambirra reconhece a grandiosidade da tarefa e as dificuldades de sistematização do que chama "teoria marxista da dependência" (Bambirra, 1979: VII).

Bambirra começa o livro com o capítulo "Questões de método", em que critica o que denominou "ciência social oficial, ciência burguesa ou ciência institucionalizada" [...] "limitada em sua imaginação científica". A crítica é dirigida aos cepalinos e aos desenvolvimentistas e procura "definir novas categorias analítico-explicativas que sirvam de base, não propriamente a uma nova teoria do desenvolvimento mas, precisamente, a uma teoria da dependência" (Bambirra, 1979:5-7).

Para ela, se configuraram no continente "tipos específicos de capitalismo dependentes [...] intimamente conectados com a dinâmica que assume historicamente o capitalismo nos países centrais" (1979:3). Sua pesquisa procurava estudar "estruturas dependentes concretas" e resultou em uma tipologia que pretendia combinar a "integração monopólica" e os "fatores histórico-estruturais", ambos aspectos do processo de industrialização nos países da América Latina. Não há, entretanto, em todo o livro, uma explicação plausível para a noção de "tipos específicos de capitalismo" no continente latino-americano e a suposta existência de apenas um "capitalismo nos países centrais". Os conceitos vão se misturando e oscilam entre esses "tipos específicos de capitalismo", "tipos diversos de estruturas", "estruturas mais ou menos desenvolvidas no capitalismo dependente" ou "tipos de sociedades dependentes contemporâneas", para diluir-se em "uma situação global de dependência".

Os países são divididos em três tipos (A, B e C), a partir dos quais se estabelecem as "condições que permitem a industrialização" em cada caso e as contradições inerentes a cada um dos "tipos". Supondo uma homogeneidade entre os casos dentro de cada tipo, Bambirra incorre no mesmo problema identificado por ela na crítica que faz a Cardoso e Falleto, qual seja, "incongruência com fatos históricos" (Bambirra, 1979:18), sendo uma das principais evidências desse problema a dificuldade de inserir o Panamá ("talvez") em um dos três compartimentos nos quais os países foram divididos (1979:28).

Para concluir, procurava examinar as "tendências do capitalismo dependente". Identificou como decorrência do desenvolvimento capitalista na periferia processos de monopolização, centralização e concentração industrial, que, salvo melhor juízo, são semelhantes aos que ocorrem no "centro do sistema". Acrescentou aos processos anteriores os processos de desnacionalização das economias, paulatina perda de controle nacional sobre o processo produtivo; pauperização da classe trabalhadora, evidenciada pelos baixos salários, êxodo rural e desemprego da população camponesa nas cidades; diferenciação socioeconômica entre os países da região, notadamente os de tipo A e B, progredindo para uma situação de predomínio do primeiro sobre o segundo; necessidade de expansão das economias de tipo A e ocorrência de subimperialismo, caracterizado pela "exploração de um país dependente mais desenvolvido sobre outros menos desenvolvidos" (Bambirra, 1979:176). Concluiu, finalmente, sobre a tendência à acentuação dos enfrentamentos entre as classes e a existência de três alternativas: burguesa mais radical, neofascismo e a alternativa proletária, a revolução socialista (1979:180).

O enfoque econômico presente na pesquisa de Bambirra, fundamentalmente relacionado com o desenvolvimento industrial nos países dependentes, está implícito nos trabalhos de Theotônio dos Santos, que coordenava a equipe no Ceso, cujo objetivo era compreender a dependência e, por afinidade, o próprio capitalismo latino-americano. Sua contribuição mais expressiva foi metodológica e dizia respeito à conceituação do termo naquela altura utilizado por diversos autores.[67]

---

67. Ver nota 55.

O texto "A crise da teoria do desenvolvimento e as relações de dependência na América Latina" foi originalmente publicado em 1970 pela editora Siglo XXI em livro intitulado *A dependência político-econômica da América Latina*, onde figuravam outros três ensaios, a saber, do sociólogo brasileiro Hélio Jaguaribe, do economista argentino Aldo Ferrer e do economista polonês, radicado no México, Miguel Wionczek.

No texto, Theotônio apresenta seu argumento central a respeito do capitalismo nas regiões periféricas: "O estudo do desenvolvimento do capitalismo nos centros hegemônicos deu origem à teoria do colonialismo e do imperialismo. O estudo do desenvolvimento nos nossos países deve dar origem à teoria da dependência" (1970:122). Caracteriza a dependência como uma "situação condicionante", baseada na "divisão internacional do trabalho, que permite a alguns países o desenvolvimento industrial e o limita em outros, submetendo-os às condições de crescimento induzido" (1970:125). Significa dizer que Theotônio dos Santos, assim como Vânia Bambirra e, antes deles, Ruy Mauro Marini, não pensava na inviabilidade do desenvolvimento capitalista na América Latina, mas em seu "condicionamento relativo à situação de dependência". Mesmo admitindo que a situação de dependência impusesse limites aos países subdesenvolvidos, observava que "a própria situação de dependência pode mudar, e muda de fato, pela mudança tanto das estruturas hegemônicas como das dependentes". Explicava a reorientação ou o rompimento da dependência e sua complexidade como resultado das "possibilidades estruturais das várias economias nacionais" (1970:127). Finalmente, para posicionar-se metodologicamente, rejeitava, de um lado, a aplicabilidade de conceitos universais da ciência social aos países subdesenvolvidos, mas reconhecia que "não é possível partir da fundamentação da ciência social nas condições do subdesenvolvimento, porque essas condições são compreensíveis apenas dentro do desenvolvimento histórico global do sistema" (1970:128).

No livro *Imperialismo y dependência* (1978), Theotônio menciona a "economia internacional capitalista" como composta por dois "tipos de formações sociais" com "características estruturais e comportamentos distintos, reagindo também de maneira diversa frente às oscilações cíclicas do sistema", a saber, as "formações sociais dominantes" e as "formações sociais dependentes", sendo que as primeiras "precedem e condicionam a análise" das demais formações sociais (1970:18-19). Ainda se refere às "características próprias da situação de dependência", revelando a noção de que as "leis internas de acumulação" nessas situações "não coincidem necessariamente com as conjunturais internacionais" (1970:20). Alude duas maneiras opostas de focalizar a questão da dependência, uma que entende a situação como "consequência do seu atraso ao integrar-se ao capitalismo", segundo ele, uma abordagem "evidentemente burguesa", e a outra que "vê o subdesenvolvimento como consequência de uma situação histórica de submissão econômica e política, fruto do caráter desigual e combinado do capitalismo" (1970:21). A abordagem burguesa sugere "falta de desenvolvimento" e "persistência de relações pré-capitalistas, tradicionais, feudais ou semifeudais" como elementos que obstaculizavam o pleno desenvolvimento do capitalismo na periferia do sistema, tornando necessário estudar as "condições de desenvolvimento econômico, de uma arrancada que assegurasse o início de uma escalada ascendente de acumulação capitalista" (1970:21).

Para explicar o capitalismo na América Latina, esses autores partem de uma dupla crítica. De um lado, rejeitam o modelo explicativo global ou a teoria do desenvolvimento segundo a qual se admite a existência de etapas em que a América Latina estaria "atrasada" em relação aos centros hegemônicos do capitalismo. De outro lado, criticam o modelo explicativo do desenvolvimento latino-americano segundo o qual, a partir do controle nacional da atividade produtiva, poder-se-ia transitar de um desenvolvimento "voltado para fora" para um desenvolvimento "voltado para dentro".[68]

Não significa que Gunder Frank, Marini, Theotônio e Vânia compartilhassem a "tese da inviabilidade do desenvolvimento do capitalismo na periferia", como observou Mantega.[69] Ao contrário, ao analisar o desenvolvimento do capitalismo na periferia, consideravam-no não apenas possível como também caracterizado pela situação de dependência que condicionava seus atributos e suas singularidades. Tendo em vista essa noção sobre o capitalismo nessas situações específicas, os marxistas da teoria da dependência consideravam o socialismo a única forma de rescindir e superar definitivamente essa condição, sendo, portanto, a discussão sobre os rumos da sociedade sem classes norteada pela ideia de romper com a dependência.

Debates sobre os rumos do socialismo

O tema da revolução era predominante no contexto político e intelectual vivenciado por André Gunder Frank, Ruy Mauro Marini, Vânia Bambirra e Theotônio dos Santos tanto nos anos de formação acadêmica quanto nos primeiros passos na militância política. Já foi aludido o debate acerca da *Revolução Brasileira*, que polarizava os comunistas em relação à existência ou não dos "resquícios de feudalismo" no Brasil. Nossos autores mantinham forte conexão com aqueles que consideravam que a revolução socialista deveria ser desencadeada de imediato, sem necessidade de passar pela chamada

---

68. Termos utilizados por Fernando Henrique Cardoso e Enzo Falletto em *Dependência e desenvolvimento na América Latina* e que na época já circulavam nos debates internos do Ilpes.

69. Ver nota 60.

revolução democrático-burguesa. Também foi mencionada a consciência que tinham Ruy Mauro Marini, Bambirra, Gunder Frank e Theotônio de usarem sua capacidade de diagnosticar a realidade social para interferir nas estratégias destinadas à transformação da sociedade brasileira e latino-americana.

A questão do socialismo e de suas possibilidades, dos agentes da revolução, dos obstáculos, das tarefas e das estratégias para atingir a sociedade sem classes foi tratada em praticamente toda a obra dos quatro autores. Porém, entre todos os trabalhos que discutiram os rumos do socialismo, destacamos os textos de André Gunder Frank, publicados em 1968, "Latinoamérica: subdesarrollo capitalista o revolución socialista", "Subdesarrollo y revolución", e de Ruy Mauro Marini, de 1969, o livro de Vânia Bambirra *La revolución cubana. Una reinterpretación*, saído em 1973, e o livro *¡Bendita crisis! Socialismo y democracia en el Chile de Allende*, de Theotônio dos Santos, também de 1973. A pesquisa de Vânia Bambirra foi motivada por um simpósio, realizado em 1971, intitulado "La transición al socialismo y la experiência chilena", promovido conjuntamente pelo Ceso e pelo Ceren, com o objetivo de fazer um balanço de um ano de governo da Unidade Popular. Do evento, surgiram duas publicações: uma de 1972, com título idêntico ao simpósio, com artigos de Marini e de Theotônio e de outros autores. A segunda surgiu em 1974, editada em Buenos Aires com o título "Acerca de la transición al socialismo", com um texto de Ruy Mauro Marini diferente do publicado no livro proveniente do evento, e de outros três participantes do simpósio. Em 1981, Vânia publica *A teoria marxista da transição e a prática socialista*, em que procura resenhar as posições de Marx e Lenin.

O nível de abstração desses textos é evidentemente diverso. Enquanto os dois primeiros têm uma perspectiva mais teórica, o livro de Vânia Bambirra pretende examinar o exemplo da revolução cubana para o subcontinente, reavaliando suas teses e estratégias, e o de Theotônio dos Santos tem um forte viés conjuntural, marcado pela experiência chilena. Os livros provenientes do simpósio sobre a experiência chilena oscilam entre a teoria sobre a transição e a análise de experiências concretas. Todos os textos analisados têm forte componente militante e pretensões prescritivas.

Gunder Frank (1968:5) e Marini (1969:20 e seguintes) elegeram o imperialismo e a burguesia (local e nacional, Gunder Frank; industrial, Marini) como alvos da mobilização popular na América Latina. Gunder Frank (1968:7) menciona a "coincidência estratégica entre a luta de classes e a luta anti-imperialista e a precedência tática da luta de classes na América Latina" para referir-se à necessidade de planejar as etapas da luta revolucionária e evidenciar a correspondência entre a burguesia metropolitana e as burguesias locais e nacionais na periferia do sistema. Marini (1969:21), no que tange à burguesia latino-americana, observa o "divórcio entre a burguesia e as massas populares", sendo que a primeira "teve que abandonar a sua fraseologia revolucionária, o tema das reformas de estrutura, as políticas de redistribuição de rendas" e com isso "renunciar de levar adiante uma política de desenvolvimento autônomo", para então sofrer um processo de "desnacionalização definitivo" e "intensificar a superexploração do trabalho" (Marini, 1969:20).

Essas referências em relação à burguesia latino-americana pretendiam, de um lado, reforçar a ideia de sua ligação íntima e orgânica com a burguesia metropolitana e o imperialismo. De outro lado, a intenção primordial dos autores era sepultar a noção de uma burguesia com tendências autônomas, supostamente propícias à revolução democrático-burguesa. Ao mesmo tempo, se opunham à ideia de etapas na direção do socialismo, o que os encaminhava à proposição do caminho revolucionário imediato: "A lei geral de acumulação capitalista, que implica a concentração da riqueza em um polo da sociedade e o pauperismo absoluto da grande maioria do povo, se expressa aqui com toda brutalidade e põe na ordem do dia a exigência de formular e praticar uma política revolucionária, de luta pelo socialismo" (Marini, 1969:21).

Gunder Frank (1968:37) ridicularizava o que chamou de "ideologia científica nacionalista": "Esperamos que (milhares de estudantes e operários latino-americanos) se guiem por modelos marxistas de inspiração metropolitana [...] segundo os quais toda a humanidade passa necessariamente pelas sucessivas e, ao que parece, preestabelecidas etapas do comunismo primitivo, escravismo, feudalismo, capitalismo, socialismo e comunismo? [...] Jamais os latino-americanos farão a revolução se seguirem a principal tese política derivada desta pseudociência marxista, que é [...] a famosa tese acerca do papel das burguesias nacionais" (Gunder Frank, 1968:39-40).

Os dois textos, de Gunder Frank (1968) e de Marini (1969), fazem referência à inspiração que Cuba exerceu sobre as lutas de libertação no mundo todo, especialmente na América Latina. Mencionam a guerra do Vietnã, a revolução cultural chinesa e a intensificação da luta de classe no interior dos Estados Unidos (1969:23), bem como as lutas populares anti-imperialistas na Guatemala, Bolívia e Peru (1968:32).

A revolução cubana é o tema do livro de Vânia Bambirra (1973). Segundo ela, o livro foi idealizado a partir da vitória da Unidade Popular no Chile, quando muitos companheiros chilenos da universidade foram chamados a compor o novo governo: "Pensei então que minha tarefa, como intelectual comprometida com as transformações estruturais na América Latina, tinha de mudar. Já não se tratava mais de analisar apenas o capitalismo dependente. Tratava-se de deslindar os rumos da sua superação [...] Para mim, colocou-se a seguinte questão: qual a maneira mais efetiva de entender as características que assumiria a transição socialista na América Latina? Encontrei pronto a resposta. Dedicar-me a uma intensa e sistemática pesquisa sobre a única experiência concreta de transição socialista que estava em curso, a Revolução Cubana" (Bambirra, 1991:26).

No livro sobre a revolução cubana, Vânia Bambirra (1973) dedicou-se a consolidar dois temas centrais acerca da experiência revolucionária que tinham como objetivo, de um lado, criticar a explicação do sucesso da luta cubana baseado no foquismo, popularizada por Régis Debray,[70] e, de outro lado, analisar a transição entre a etapa democrática e a etapa socialista da revolução, valorizando ambas as fases em seus pontos positivos.

Bambirra (1973:47) critica a interpretação que atribui o sucesso da revolução à "prioridade das guerrilhas rurais em todas as etapas da luta revolucionária" (foquismo):[71] "Ao contrário do que equivocadamente pode sustentar uma análise simplista, a experiência cubana demonstra como em uma guerra revolucionária se combinam várias formas de luta; como não existe o predomínio de uma forma sobre outras; como as formas de luta estão relacionadas com as situações políticas [...]". Os estudos sobre a organização partidária (PSP), o Movimento 26 de julho e a importância das cidades na luta revolucionária permitem compreender que o livro apresentava a realidade cubana dos anos revolucionários com elementos de análise bem complexos e sofisticados. Ao contrário de entender o foco como explicação para o sucesso revolucionário, queria fortalecer a

---

70. Ver ensaio de Régis Debray, "Revolución en la revolución", que foi publicado em janeiro de 1967 em Havana, no primeiro número dos *Cuadernos* da Casa de las Américas, em que considerava a vitória e o sucesso da revolução cubana obra do "foquismo" e criava, com isso, uma aura de heroísmo em torno da chamada "teoria do foco", atribuída a Che Guevara.

71. Bambirra, com o pseudônimo Cléa Silva, já havia criticado o livro de Debray em um famoso artigo publicado na *Monthly Review*, n. 45, 1967, intitulado "Los errores de la teoria del foco". O uso de pseudônimo foi explicado por ela em seu Memorial e em entrevistas pelo fato de, naquela época, antes da edição do AI-5, ter esperança de poder retornar ao Brasil: "Não assinei aquele artigo por possuir uma grande esperança de voltar breve para o Brasil. Escolhi o pseudônimo Cléa Silva, o mesmo que usava na clandestinidade paulista. Durante um tempo, ele ficou mais conhecido do que o meu nome" (Bambirra, 1991:19).

ideia da vitória como resultado da aliança de classes que vinha se desenhando antes da revolução.

Por outro lado, Bambirra (1973:20) preocupou-se com a passagem da fase democrática à fase socialista do processo revolucionário: "[...] colocar em evidência a importância da etapa democrática [...] rechaçamos uma interpretação [...] que subestima a importância da etapa democrática, não capta a diferença de qualidade que há entre esta e a etapa socialista". Sua análise sobre o papel desempenhado pela "pequena burguesia" no processo cubano evidencia a defesa da etapa democrática no processo de transição ao socialismo: "O fato de que o '26 de julho' expressasse uma ideologia pequeno-burguesa diminui por acaso seus méritos? Por acaso isso foi um obstáculo para que se fizesse a revolução socialista em Cuba? [...] Já é tempo de superar tais autopreconceitos que só obscurecem a compreensão de um processo revolucionário. Um dos grandes ensinamentos da revolução cubana reside exatamente na compreensão do papel histórico da pequena burguesia" (Bambirra, 1973:36).

Ao prefaciar o livro de Bambirra, Ruy Mauro Marini, operando de acordo com suas convicções, faz uma crítica à distinção das etapas democrática e socialista no processo cubano: " os equívocos que pode conduzir são suscetíveis de prejudicar o combate que se iniciou, justamente a partir da revolução cubana, àqueles que, em nome da revolução democrática, preconizam na América Latina a aliança da classe operária com uma burguesia nacional portadora de interesses anti-imperialistas e antioligárquicos" (Bambirra, 1973:10). Depois de reconhecer que Vânia também se recusa a aceitar a existência de uma burguesia nacional desse tipo, afirma que o mérito dos estudos sobre a dependência foi justamente expor o verdadeiro caráter da burguesia periférica, que corresponde ao componente interno do imperialismo e, portanto, impraticável sua participação em um bloco de forças revolucionário (Bambirra, 1973:11). Argumenta que a "fase democrática", como caracterizada por Bambirra, é de intensa luta do proletariado para afirmar sua hegemonia e faz cobranças metodológicas à companheira de trabalho: "Reconhecer, portanto, a existência de duas etapas no processo revolucionário cubano não deve induzir à confusão. A etapa democrática da revolução cubana não é a etapa democrático-burguesa [...]" (Bambirra, 1973:12), mas um período de intensa luta de classes e de disputa palmo a palmo pelo poder do Estado (1973:11).

Há neste sentido, e o prefácio de Marini ao livro de Bambirra é testemunha, um debate intenso sobre os rumos do socialismo na América Latina que se desenrola inclusive no interior do grupo marxista da teoria da dependência. Há, igualmente, por parte deles, a consciência de uma ampliação do debate entre os marxistas, o abandono de algum sectarismo pregresso, como se pode perceber pela fala de Theotônio (1971:182) em relação ao simpósio do Chile: "depois de um largo período de profundo sectarismo [...] hoje em dia o marxismo permite em seu interior um debate bastante amplo [...] esse simpósio expressa um fato fundamental: dentro do pensamento marxista não somente há um enriquecimento de posições, como também uma disposição ao debate, à discussão, que não conhecíamos há poucos anos atrás". O texto que encerra o livro do simpósio promovido em 1971 pelo Ceso e pelo Ceren procura sistematizar diferentes posições referidas no evento. Sobressai o debate a respeito da "sociedade de transição" como um elemento novo a ser estudado no âmbito do marxismo e ainda, segundo os participantes do simpósio, em estágio inicial (1971:184). Predominaram no evento, de acordo com a síntese de Theotônio, as perguntas: quando começa a transição ao socialismo; quando a transição se torna irreversível; quais os objetivos do período de transição; e, finalmente, sobre a caracterização do socialismo propriamente dito. As perguntas se referiram à experiência chilena, mas com os olhos voltados para o mundo todo, experiências anteriores e vindouras. Theotônio (1971:186 e seguintes) cita como exemplo a experiência ocorrida no período entre as duas revoluções de 1917 na Rússia, que Lenin teria definido como "democrático" ou "dualidade de poderes", quando a direita perde parte de sua força e as massas ganham grande capacidade de ação própria. A seguir, fornece exemplos de igual característica na China, Europa Oriental e Cuba, para concluir que o Chile vivia fase semelhante.

Por fim, e talvez o ponto mais importante de minha argumentação sobre o pensamento desses autores, ele apresenta a seguinte questão: "O que o Chile ganha com essas discussões que podem parecer, a muitos, excessivamente teóricas para a realidade concreta do país, para sua capacidade de assimilação e para o desenvolvimento das massas?" (1971:188). Segundo ele, as discussões serviram não apenas para caracterizar a transição, mas para definir as tarefas posteriores da classe operária chilena, que seria a de suplantar o projeto pequeno-burguês que, muito em breve, estaria disposto a "limitar o processo de transformação que vive o país a uma reforma [...] sem romper com a estrutura capitalista, mas encobrindo essa estrutura capitalista como uma forma socialista" (1971:190). Observa-se, portanto, a coincidência do pensamento de Theotônio e Bambirra no que se refere a uma "etapa" pequeno-burguesa e democrática da transição ao socialismo.

Os textos publicados em ¡*Bendita crisis! Socialismo y democracia en el Chile de Allende*, de Theotônio dos Santos, são fruto de análises da conjuntura chilena. No capítulo "¿Defensa de la legalidad contra la iniciativa de las masas?", originalmente publicado em agosto de 1972 no periódico *Chile Hoy*, o autor expõe a complexidade do problema do ordenamento jurídico capitalista como elemento de uma fase na direção do socialismo. Considera que a mera existência do dispositivo "reforma constitucional" não seria suficiente para fundar uma legalidade socialista; que o governo da Unidade Popular, ainda que eleito para utilizar esse mecanismo em favor das massas, estava obrigado a defender a legalidade e não estava autorizado a rompê-la: "Como escapar dessa armadilha? Isto só é possível se a lei atual é usada como um instrumento para sua própria destruição e para a criação de uma nova legalidade socialista". No aprofundamento do tema, conclui que: "a tarefa de garantir a ordem do período de transição é, sobretudo, uma tarefa de legitimação do governo popular frente às massas, de confiar nelas e em sua iniciativa, de saber legitimar estas iniciativas utilizando todos os aspectos positivos da legalidade atual, criando assim as bases do novo Estado" (Santos, 1973:76-78). Essa posição otimista em relação ao poder das massas frente à Unidade Popular, da minimização de conflitos, de que "se faça pacificamente ou com um mínimo de enfrentamento", foi diminuindo à medida que o tempo foi passando e as lutas contra o governo Allende foram se intensificando, mas refletem uma posição de Theotônio em relação à fase democrática da transição ao socialismo não compartilhada por Ruy Mauro Marini.

Quanto às contradições entre os termos reforma e revolução, Marini (1974:77-91) se posicionava criticamente. No texto publicado pela editora argentina Periferia como segundo resultado do simpósio chileno de 1971, Marini contestava veementemente as teses de Lélio Basso sobre a possibilidade de que, no interior do sistema capitalista, se originasse uma "lógica socializante", caracterizada por um processo de reformas. Rebateu igualmente a crítica de Basso à "conquista violenta do poder", argumentando que a circunstância da luta de classes em cada situação é que vai determinar o seu caráter pacífico ou violento. Marini citou Kautsky e Rosa de Luxemburgo, no que ambos estabelecem "com meridiana claridade as diferenças entre reforma e revolução", para reafirmar que "a luta por reformas não cria elementos da nova sociedade dentro da velha" e que tampouco "reformas legislativas no interior do capitalismo possam liquidar progressivamente o sistema". Menciona Lenin, para quem as reformas seriam um elemento "subsidiário ou tático" da luta de classes revolucionária, nunca um elemento que indicasse uma "lógica socializante" no interior do capitalismo. Assim, continua, "a ideia de que aumentos salariais sejam reformas estruturais é totalmente estranha ao marxismo". Ou seja, "modificações introduzidas no ordenamento jurídico capitalista, mediante a pressão das massas" não fazem mais do que "desenvolver o sistema capitalista mesmo", ainda que sejam em certa medida favoráveis aos trabalhadores. Em suma, rechaça qualquer possibilidade de que as reformas sejam um "método de transformação da sociedade", estabelecendo uma vez mais seu ponto de vista em relação às análises precedentes de Bambirra e de Theotônio a respeito da etapa pequeno-burguesa e democrática da transição ao socialismo.

As vanguardas revolucionárias e a direção do processo revolucionário eram temas muito ligados aos debates sobre os limites do projeto pequeno-burguês e as supostas intenções reformistas e nacionalistas da burguesia. Por isso, identificar os "agentes" da revolução e debater a necessidade ou não de uma liderança tornaram-se fundamentais para o grupo marxista da teoria da dependência.

A ênfase recaía na necessidade de identificar setores das classes populares ou representantes de projetos socializantes que, por serem portadores de consciência ou combatividade, pudessem liderar o processo revolucionário. Inspirados no leninismo, nossos autores enfatizaram a necessidade da existência de um partido como vanguarda da classe trabalhadora, capaz de coordenar as ações destinadas à implantação do socialismo. Defendiam a liderança do proletariado urbano (Marini, 1972:147; Santos, 1972:185) e o papel dos intelectuais na constituição e condução dos partidos de massas (Gunder Frank, 1968:6; Santos, 1972:185). No livro *Subdesenvolvimento e revolução*, Marini (1969:24-25) adverte para uma efervescência do movimento revolucionário, em função do *"establecimiento de una relación más efectiva entre las clases explotadas y sus vanguardias políticas, de las cuales muchas se han lanzado ya a la empresa suprema de la lucha ar-*

mada". Não esclarece, porém, quem são as "vanguardas políticas", mas adiante explica que as *"vanguardas revolucionarias de America Latina traen, por lo general, el sello de las clases medias."*. Finalmente, ressalta que a ambiguidade desses setores sociais diante dos conflitos intraburgueses dificultaram a *"vinculación efectiva de essas vanguardias con la fuerzas reales de la revolución"*.

Assim, sem definir com exatidão as vanguardas revolucionárias, nossos autores atribuem ao proletariado urbano a responsabilidade por dirigir a revolução socialista, contrapondo-se à tese do foco rural guerrilheiro; descartam a burguesia como portadora de características revolucionárias; discutem o papel da pequena burguesia ou das classes médias, atribuindo-lhes posições ambíguas diante da situação social latino-americana; rejeitam a teoria dos restos feudais; debatem, diante de exemplos concretos, a possibilidade de etapas revolucionárias; e sustentam a ideia de que os alvos da revolução na América Latina eram o imperialismo e as burguesias nacionais.

Perspectiva latino-americanista

O exílio em países da América Latina foi responsável pelo viés fortemente latino-americanista observado na produção científico-acadêmica e nos estudos dos teóricos da dependência. O contato com escritores, pesquisadores e artistas de vários países do subcontinente que viviam a mesma situação proporcionou aos brasileiros uma interação cultural pouco experimentada pelos intelectuais que não tiveram essa experiência. Ruy Mauro Marini, por exemplo, havia estudado na França e era, como tantos outros jovens brasileiros, fascinado pela cultura metropolitana. Os ambientes intelectuais e acadêmicos dos países do exílio permitiram um conhecimento mais aprofundado daquelas sociedades e a constatação, por parte da intelectualidade exilada, de que os problemas latino-americanos eram bastante semelhantes e, sobretudo, de que havia muita ansiedade para explicar o que estava acontecendo. O crescimento dos estudos sociológicos, de história, cultura e de economia da América Latina foi ensejado pela proliferação de regimes ditatoriais na região nos anos 1970. Os intelectuais latino-americanos exilados tiveram a preocupação de discutir as características dos novos regimes políticos, os limites da democracia no subcontinente e as possibilidades de desmantelar as ditaduras.

Em toda a América Latina, no entanto, não é extensa a lista de intelectuais que se dedicaram a pensar o subcontinente como um todo articulado, com problemas similares e perspectivas semelhantes. Manoel Bomfim, Celso Furtado, Ciro Flamarion Cardoso, Fernando Henrique Cardoso, Theotônio dos Santos, Vânia Bambirra, Ruy Mauro Marini, Darcy Ribeiro, Otávio Ianni, Emir Sader e Florestan Fernandes constituem a ínfima parcela daqueles que, até os anos 1980, escreveram sobre o contexto latino-americano e seus problemas para além das preocupações com a sociedade brasileira, ou melhor, inserindo suas inquietações sobre o país em um contexto mais amplo, que dizia respeito ao mundo periférico como um todo.

Nos demais países do subcontinente latino-americano e no Caribe, o quadro intelectual não é diferente. Entre os "intérpretes de Nuestra América" podemos citar o cubano José Martí, os peruanos José Carlos Mariátegui e Victor Haya de la Torre, os uruguaios José Enrique Rodo e Eduardo Galeano, os mexicanos Leopoldo Zea, José Vasconcelos e Pablo González Casanova, os argentinos Aldo Ferrer, Héctor Pérez Brignoli, Túlio Halperin Donghi e Ernesto Che Guevara, os chilenos Enzo Falleto e Héctor Bruit e o equatoriano Agustín Cueva, entre outros.

Entretanto, é infinitamente maior a lista de autores cujas preocupações estiveram encapsuladas pelas fronteiras do Estado-Nação. Destinados a legitimar a existência dos estados nacionais, diferentemente daqueles que possuíam uma perspectiva que transcendia essas fronteiras, a maior parte dos intelectuais da América Latina foi incapaz de ultrapassar essas barreiras e terminou restringindo o papel, as funções e os domínios de sua ação e limitando a elaboração de agendas transnacionais.

A capacidade e o interesse em acessar um ambiente que transcende as fronteiras nacionais estiveram relacionados com contextos que permitiram produzir esse tipo de reflexão ou com um ambiente que convocou os intelectuais a atuar além dos limites da nação. Essas conjunturas estão situadas no início do século XX e no contexto marcado pelo fim da II Guerra Mundial, pela revolução cubana e pelas ditaduras de segurança nacional.

Na primeira conjuntura, as elaborações intelectuais que tentavam superar o domínio nacional eram críticas ao predomínio do positivismo e das premissas deterministas raciais, geoclimáticas e territoriais. Do ponto de vista prático, a transição do neocolonialismo britânico para o imperialismo norte-americano desencadeou uma elaboração teórica tendente a reunir os intelectuais e militantes sociais que vislumbraram os perigos dessa nova dependência. A visão crítica ao eurocentrismo, à dependência e aos múltiplos preconceitos provocou uma reviravolta na intelectualidade latino-americana e produziu uma nova visão do subcontinente e seus problemas comuns.

O segundo momento em que as interpretações sobre a América Latina surgiram com maior ímpeto em todos os países da região foi o do fim da II Guerra Mundial e da expansão do capitalismo mundial, que coincidiu com a aceleração do processo de industrialização em alguns países periféricos. Os intelectuais da América Latina responderam a esse contexto destacando as conquistas da industrialização e do crescimento econômico sustentável, bem como os problemas decorrentes do crescimento urbano e do avanço do movimento operário. Surgiram as primeiras teorias a respeito das possibilidades de desenvolvimento autônomo, assim como a formulação de propostas alternativas ao capitalismo, inspiradas na revolução cubana.

As pesquisas científicas sobre a América Latina como um todo foram desencadeadas, portanto, a partir do final dos anos 1940 e início dos anos 1950, com a fundação da Cepal, em 1948, sobretudo por economistas e depois, sociólogos e cientistas políticos. Estimulados pelo crescimento das economias resultante da industrialização substitutiva, pela urbanização, pelo incremento das manifestações sociais dos setores populares e em função da massificação do ensino superior, os cientistas sociais se preocuparam em explicar o crescimento econômico, as lutas sociais e as dificuldades dos países latino-americanos e caribenhos de se igualar aos países desenvolvidos.

Os temas do atraso e da dependência eram os eixos por meio dos quais se moveram autores vinculados a instituições como a Cepal, mas também nas recém-criadas faculdades de filosofia. A partir do final da II Guerra Mundial, de modo mais sistemático, a América Latina e o Caribe passaram a figurar como espaços de possíveis projetos de pesquisa de longa duração.

André Gunder Frank inteirava-se da situação latino-americana. No início de seu périplo pela América Latina, que incluiu Brasil, Cuba, Chile, Venezuela, Peru etc., fez a seguinte declaração em carta de 1962: "Passei cinco semanas no Peru e aprendi mais do que provavelmente em qualquer outra época, exceto em Cuba. Infelizmente, quanto mais eu aprendo, mais desencorajado eu fico com a situação e as possibilidades da América Latina. Mais me convenço de que uma ruptura revolucionária é a única possibilidade...".[72]

Ruy Mauro Marini, Theotônio dos Santos e Vânia Bambirra, por outra parte, saíram do Brasil e começaram a conhecer a América Latina

---

72. *"Spent five weeks in Peru and learned more than maybe in any other time except in Cuba. Unfortunately, the more I learn the more discouraged I get about the situation and its possibilities in Latin-America. But the more convinced that a revolutionary break is the only possibility"*. Carta de 9 de outubro de 1962, de Santiago do Chile, para dois colegas de trabalho nominados como Thacher e Geegee.

quando suas carreiras profissionais estavam apenas iniciando, e numa época em que o interesse dos cientistas sociais brasileiros ainda tinha um recorte marcadamente nacional. Provavelmente, o primeiro intelectual brasileiro com preocupação latino-americanista tenha sido Celso Furtado, que publicou três livros na década de 1960 que tinham como foco não apenas a economia brasileira, mas toda a América Latina.[73] Nesse período, quando começaram a frequentar as instituições acadêmicas do exílio com enfoque latino-americanista no Chile e no México, a produção intelectual dos três estava indefinida e era ainda muito pequena.

O Chile era sede da Cepal e do Ilpes, e o México tinha uma vocação para os estudos subcontinentais, evidenciada pela criação, em 1960, do Centro de Estudios Latino-americanos (Cela) na Unam, universidade que apresentava clara predisposição política para inserção do México na América Latina. Nos dois países, Marini, Bambirra e Theotônio entraram em contato com intelectuais de outras regiões latino-americanas, com sua cultura e com o idioma espanhol.

---

73. *Desenvolvimento e subdesenvolvimento* (1961); *Subdesenvolvimento e estagnação na América Latina* (1966); *Formação econômica da América Latina* (1969). Há ainda a considerar o livro didático de Rocha Pombo *História da América*, de 1900, e o de Manoel Bomfim, publicado em 1903 em Paris, *América Latina: males de origem*. A obra de Rocha Pombo teve origem no concurso promovido pelo Conselho Superior da Instrução Pública do Distrito Federal, em 1897, em que foi a única obra apresentada. Bomfim era membro do Conselho Superior e coube a ele fazer o parecer da obra premiada e prefaciá-la, quando da publicação. Ambos os livros, de Manoel Bomfim e de Rocha Pombo, tratam da América como um todo, diferenciando a América Latina dos Estados Unidos, e referem-se aos problemas decorrentes da conquista, colonização e "parasitismo" das metrópoles. O de Rocha Pombo não encontrou grande acolhida como obra didática. Seja como for, o edital do concurso evidenciava o que se entendia na época por história da América: esperava-se que a história do Brasil não estivesse presente no volume, o que não foi de todo atendido pelo agraciado em primeiro lugar. Ver Marcus Aurelio Taborda de Oliveira *Rocha Pombo: la "invención" de una cultura americana en el libro didáctico* (2012).

A questão do convívio é corroborada por Bambirra no item quatro do Memorial acadêmico, sintomaticamente intitulado "O Chile: de como adquiri a dimensão da América Latina": "Para o Chile haviam ido vários intelectuais latino-americanos, inquietos e brilhantes [...] Formamos no Ceso (Centro de Estudios Socio Econômicos) uma equipe que pesquisa sobre as relações de dependência na América Latina, dirigida por Theotônio dos Santos, composta, além de mim, por Orlando Caputo, Sérgio Ramos e Roberto Pizarro. Começamos por levantar uma extensa bibliografia sobre o tema, abarcando desde seus antecedentes teóricos até as suas fontes estatísticas mais relevantes [...] Cada um de nós definiu seu projeto específico, mas todos eram interligados por um marco teórico comum, que foi bem definido por Theotônio, no sentido de que a dependência é uma situação condicionante redefinida em função das especificidades de cada uma das sociedades latino-americanas [...] Na equipe, eu me propus a assumir uma tarefa grande, a de pesquisar a América Latina no seu conjunto" (Bambirra, 1991:21 e 22). Bambirra refere-se à pesquisa que resultou no livro *El capitalismo dependiente latinoamericano*, publicado pela primeira vez em 1972 pela editora chilena Prensa Latinoamericana. O livro traduz o esforço em comparar os países da América Latina no que se refere à industrialização e em construir uma tipologia de três blocos a respeito do processo no subcontinente como um todo. Em que pese todos os problemas metodológicos e de generalização empírica comuns em estudos como esse, a obra é original para a época, porque procura abordar a América Latina como um todo.[74]

---

74. Nessa mesma linha, circulavam na Cepal, no Ilpes e no Cela, no Chile, bem como em outras instituições, como Cela, na Unam, estudos semelhantes, que buscavam compreender a América Latina como um todo. Um exemplo é a obra *Dependência e desenvolvimento na América Latina*, de Fernando Henrique Cardoso e Enzo Falletto, que também abordava todo o subcontinente a partir de uma tipologia. Todos esses estudos e pesquisas eram originais porque ul-

Mais original do que as pesquisas sobre temas definidos era a busca por teorias próprias para explicar o subdesenvolvimento. Esse foi um tema constante na produção intelectual do grupo, conforme observa Marini em seu memorial acadêmico: "Cabe concluir insistindo num traço peculiar da teoria da dependência, qualquer que seja o juízo que dela se faça: sua contribuição decisiva para alentar o estudo da América Latina pelos próprios latino-americanos e sua capacidade para, invertendo por primeira vez o sentido das relações entre a região e os grandes centros capitalistas, fazer com que, ao invés de receptor, o pensamento latino-americano passasse a influir sobre as correntes progressistas da Europa e dos Estados Unidos; basta citar, neste sentido, autores como Amin, Sweezy, Wallenstein, Poulantzas, Arrighi, Magdoff, Touraine. A pobreza teórica da América Latina, nos anos 80, é, numa ampla medida, resultado da ofensiva desfechada contra a teoria da dependência, fato que preparou o terreno para a reintegração da região ao novo sistema mundial que começava a se gestar e que se caracteriza pela afirmação hegemônica, em todos os planos, dos grandes centros capitalistas" (Marini, 1990:45).

Além das pesquisas que, a partir de uma temática definida, procuravam distinguir o que acontecia em cada país, Marini, Bambirra, Gunder Frank e Theotônio compartilhavam uma atuação teórica militante. No texto de síntese do simpósio realizado no Ceso em 1971, em comemoração ao primeiro aniversário da Unidade Popular no poder, Theotônio (Santos, 1972:181-191) reafirmou ideias que vinham se gestando no interior dos grupos de exilados: "estávamos reduzidos à condição de analistas de nós mesmos, com instrumentos teóricos gerados no exterior e revisados à luz da nossa experiência.

---

trapassavam as preocupações com o Estado nacional. No México, no campo da filosofia, Leopoldo Zea (1912-2004) teve um papel igualmente original ao abordar o subcontinente como um todo e de modo comparativo.

Esse simpósio demonstra que nós podemos ocupar um papel na elaboração de instrumentos teóricos próprios, que podemos superar a condição de ser simplesmente aplicadores de instrumentos teóricos gerados no exterior [...] Creio que o proletariado latino-americano começa a entrar na história e que os intelectuais latino-americanos começam a expressar a entrada na história desse proletariado. E ao entrar na história, se entra na história do mundo e não somente na história da América Latina [...] A preocupação metodológica se acentua cada dia e se acentua não como produto de discussões acadêmicas [...] a própria realidade exige uma redefinição metodológica para poder apreender uma serie de fenômenos que não estavam no centro das preocupações do pensamento europeu".

Este excerto de Theotônio dos Santos coloca em pauta o problema da importação acrítica de conceitos criados para explicar situações específicas, mas também indica um modo de ver os problemas da América Latina diante do resto do mundo. Quando se refere aos "fenômenos que não estavam no centro das preocupações do pensamento europeu", Theotônio estava fazendo menção às ditaduras, de uma parte, a preocupar a intelectualidade europeia, e, de outra parte, aludia à via chilena para o socialismo, um caso diferente do eurocomunismo, que ganhava força no velho continente.

O esforço por compreender a América Latina como um todo e recuperar a identidade latino-americana não se restringiu ao período do exílio. No retorno, e pouco antes de falecer, Ruy Mauro Marini (1995:41) conclamava à conscientização das especificidades latino-americanas e à restauração dessa identidade: "No mundo global ao que o capitalismo está nos levando, é imprescindível que estejamos conscientes de nossas especificidades, derivadas da nossa condição de países dependentes [...] O resgate de nossa latino-americanidade é condição *sine qua non* para construir nossa própria utopia e mobilizar o que temos de melhor para traçar o caminho que nos conduza realmente até uma sociedade superior".

Nesse sentido, os autores marxistas da teoria da dependência foram pródigos em estudar, pesquisar, analisar e explorar a história, a economia, a cultura e os aspectos sociológicos dos países latino--americanos, trazendo à luz as especificidades e os pontos em comum, apoiados na ideia de combater o eurocentrismo dominante nas interpretações acerca da realidade da América Latina.

CAPÍTULO 3
Os intelectuais brasileiros nos anos 1980 e o Brasil neoliberal

Os intelectuais brasileiros que, por motivos político-ideológicos, deixaram o país depois do golpe de 1964 puderam retornar após a promulgação da Lei da Anistia de 28 de agosto de 1979.[75] Os primeiros exilados célebres a retornar ao país foram Leonel de Moura Brizola, ex-governador do Rio Grande do Sul, e Miguel Arraes, ex-governador de Pernambuco. Brizola entrou no Brasil por Foz do Iguaçu no dia 6 de setembro de 1979 e falou pouco, deixando claro que aqueles que o seguissem no retorno ao Brasil deveriam ter "cautela, paciência e prudência" (*site* do Partido Democrático Trabalhista – PDT, acesso em março de 2012). Era o primeiro sinal de que se abria no país um período de conciliação nacional prudentemente articulado pelas forças conservadoras para impedir a crítica ao período anterior.

---

75. Lei da Anistia é o nome popular da Lei n° 6.683, promulgada pelo presidente João Baptista Figueiredo em 28 de agosto de 1979, ainda durante a ditadura militar. A lei estabelece: Art. 1° É concedida anistia a todos quantos, no período compreendido entre 2 de setembro de 1961 e 15 de agosto de 1979, cometeram crimes políticos ou conexo com estes, crimes eleitorais, aos que tiveram seus direitos políticos suspensos e aos servidores da Administração Direta e Indireta, de fundações vinculadas ao poder público, aos Servidores dos Poderes Legislativo e Judiciário, aos Militares e aos dirigentes e representantes sindicais, punidos com fundamento em Atos Institucionais e Complementares. § 1° - Consideram-se conexos, para efeito deste artigo, os crimes de qualquer natureza relacionados com crimes políticos ou praticados por motivação política. Ver <http://www.planalto.gov.br/ccivil_03/Leis/L6683compilada.htm> (*site* do Palácio do Planalto).

Em dezembro de 1979, Ruy Mauro Marini fez sua primeira viagem de retorno depois da anistia, mas a volta definitiva ocorreria somente em meados de 1984. Theotônio dos Santos regressou em janeiro de 1980 e Vânia Bambirra, depois de cumprir alguns compromissos internacionais junto com Herbert de Souza, retornou em março do mesmo ano.

Do ponto de vista econômico, os anos 1980 foram marcados por forte estagnação na América Latina, referidos como "década perdida", fase de intensa retração da atividade industrial. Nesse sentido, os intelectuais e políticos brasileiros deixaram um país onde, na década de 1950-1960, predominavam perspectivas otimistas sobre o desenvolvimento da economia e retornaram a um Brasil em forte crise de realização da atividade industrial, crise da dívida externa, indíces altíssimos de inflação e grave desemprego.

Politicamente, o debate sobre a redemocratização predominava na sociedade brasileira. O país continuava sendo governado pelos militares, sob o comando do general João Baptista Figueiredo, que emitia os primeiros e mais consistentes sinais de retorno dos militares aos quartéis. O AI-5 foi revogado em janeiro de 1979, a Lei da Anistia, promulgada em agosto e, em dezembro, decretada a Nova Lei Orgânica dos Partidos Políticos, que extinguia Arena e MDB e instituía o pluripartidarismo, abrindo caminho para a criação de vários partidos, contemplando a diversidade de opositores do regime militar.

Para nossas personagens e para todo o universo da esquerda, o panorama era de cautela e de reconhecimento da situação do país, fase de lenta readaptação e gradual reinserção, depois de tão prolongada ausência. Afinal, foram cerca de 14 ou 15 anos sem pisar na terra natal, sem saber exatamente o quanto tinham sido transformados os costumes, a cultura do país. Nossos intelectuais também não estavam exatamente cientes de quais eram os critérios atuais de excelência nos ambientes acadêmicos e profissionais que haviam frequentado e conheceram antes da ditadura.

Daniel Aarão Reis (2003) refere-se ao problema do retorno do exílio em um capítulo do livro *Intelectuais: sociedade e política*. Na apresentação parcial dos resultados das entrevistas realizadas com Vera Sílvia Araújo de Magalhães, militante considerada pelo autor emblema dessa geração, Aarão destaca a participação política e intelectual de quem, assim como os intelectuais deste livro, esteve "na linha de frente" da rebeldia dos anos 1960, sofreu o "exílio de amarguras, dúvidas e desesperos, como sempre, mas também de muita criatividade" e voltou ao país com a anistia: "um país outro, transformado pelos anos de ditadura, outras gentes, outras expectativas, diferentes circunstâncias internacionais".

Utilizando como exemplo a história de Albert Camus no livro *O estrangeiro*, Reis ressalta que "Vera sentiu-se estranha. Uma *étrangeté* que, a rigor, a perseguia há longo tempo" (Reis, 2003:246-247). Segundo Aarão, *étrangeté* se refere ao estranhamento: "Estar sem estar, estar de um modo desconfortável, como se estivesse fora do lugar onde deveria estar, e, no entanto, o lugar é este mesmo onde se está, muito familiar, o que não quer dizer que seja amigável, ou acolhedor, apenas familiar, e, súbito, a percepção de uma difícil inserção..." (2003:252).

O regresso ao Brasil evidenciava o descompasso, o estranhamento, e condicionava um retorno ao passado; levava a um questionamento dos motivos que induziram à saída do país: "na volta ao país [...] no reencontro [...] quando se tornou imperioso o *aggiornamento*, a estranheza apareceu em todo o seu esplendor, e em todo o seu desconforto, iluminando as raízes da rebeldia, no passado longínquo, evidenciando as razões profundas da inadaptação do exílio, e os descompassos inevitáveis que acompanhariam sua trajetória" (Reis, 2003:252).

Na volta ao Brasil, Theotônio, Bambirra e Marini compreenderam mais uma vez, e com maior intensidade, que haviam sido derrotados, política e intelectualmente. A readaptação ao país chegou a ser mais difícil do que a adaptação aos ambientes chileno e mexicano. Além dos problemas de ordem pessoal e familiares,[76] a inadaptação e o estranhamento ocorreram porque encontraram outra universidade, outros partidos, uma nova cultura política, e tiveram de lidar com a mesma disputa teórica acerca do desenvolvimento do capitalismo brasileiro na qual já haviam sido derrotados.

Retorno do exílio: *aggiornamento* e o ambiente dos anos 1980

Voltar ao Brasil depois de aproximadamente 15 anos vivendo no exílio foi uma experiência dolorosa para todos os que tiveram de deixar o país depois de 1964.[77] Os intelectuais brasileiros exilados, em geral muito bem acolhidos nas universidades mexicanas, chilenas, norte-americanas e europeias, tiveram um estranhamento ainda maior. A mudança nos ambientes profissionais e na cultura política do Brasil era evidente e correspondia às transformações ocorridas nos âmbitos internacional e interno.

As sucessivas crises do petróleo (1973 e 1978) prenunciavam os percalços econômicos do mundo capitalista nos anos 1980, que iniciaram marcados pelas eleições de Margareth Thatcher no Reino Unido, Ronald Reagan nos Estados Unidos e Helmut Kohl na Alemanha, pela fundação do sindicato Solidariedade na Polônia

---

76. "Os filhos de Theotônio dos Santos e Vânia Bambirra, às vésperas da anistia, não queriam deixar o México. E é em espanhol que Nádia, aos 14 anos, tendo saído do país no primeiro ano de vida, se justificava: 'porque somos mas mexicanos que brasileños. Nunca vivi en Brasil". Rollemberg (1999:275). Em seu Memorial (1991:32), Bambirra refere-se à disposição dos filhos da seguinte maneira: "Nunca duvidamos de que, logo que fosse possível, voltaríamos para o Brasil, apesar da restrição dos filhos: 'nós não estamos voltando, estamos indo'".
77. Para exemplificar as dificuldades encontradas pelos exilados, menciono os livros de Denise Rollemberg (1999) e de Jorge Christian Fernández (2011).

e tiveram seu desfecho marcado pela queda do muro de Berlim e pela reunificação da Alemanha. Internacionalmente, a década de 1980 foi, portanto, caracterizada pela ascensão e pelo predomínio do neoliberalismo como doutrina econômica e pelo conservadorismo no campo político. Considerada a "década perdida", os anos 1980 anunciavam o início da crise do socialismo, a vitória do pensamento único e o fim da história.[78]

Na América Latina, a contrapelo das tendências internacionais, os movimentos de resistência às ditaduras se intensificaram e os regimes militares apresentaram os primeiros sinais de enfraquecimento. No Brasil, ocorreu o crescimento do proletariado urbano, protagonista de cinco greves gerais entre 1983 e 1989, a criação do Partido dos Trabalhadores (PT), em 1980, e a fundação da Central Única dos Trabalhadores (CUT), em 1983.

A massificação do ensino superior colaborou com o crescimento e a mudança no perfil da universidade brasileira, mas também teve influência nos movimentos estudantis, que resistiram à ditadura no final dos anos 1970 e protagonizaram a campanha das eleições diretas para presidência da República em 1983-1984.

Além da criação do PT, da CUT e da campanha das "Diretas Já", episódios como o atentado do Riocentro (1981), a morte de Tancredo Neves (1985), os debates acerca da nova constituição brasileira (1988) ensejaram mudanças radicais no perfil político e cultural do país.

O fim da ditadura, a anistia e o retorno dos exilados foram caracterizados pela necessidade de readequação dos debates acerca do

---

78. A vitória do pensamento único refere-se ao coroamento do capitalismo como sistema dominante no mundo e seu triunfo sobre a alternativa socialista. O "fim da história" foi uma expressão cunhada por Hegel para designar momento em que a humanidade encontraria um regime mais duradouro. Foi retomada pelo norte-americano Francis Fukuyama para designar o triunfo do capitalismo.

socialismo, da *Revolução Brasileira* e da democracia. A derrota da luta revolucionária não arrefeceu os debates sobre a transição ao socialismo, que perduraram ao longo dos anos 1980. Ao mesmo tempo, as discussões sobre a democracia ganharam mais destaque e adquiriram maior relevância. As transformações do mundo socialista e o fracasso do comunismo determinaram, nos anos 1990, o abandono gradual da utopia socialista, cuja palavra quase desapareceu do vocabulário das esquerdas brasileiras.[79]

Ruy Mauro Marini, Vânia Bambirra e Theotônio dos Santos haviam se exilado na época áurea dos debates a respeito da *Revolução Brasileira* e da transição ao socialismo. No exílio chileno, tiveram contato direto com uma experiência socialista e, no México, foram brindados com ambientes acadêmicos autônomos e abertos às experiências políticas alternativas. Quando voltaram ao Brasil, tiveram de se adaptar a um ambiente intelectual mais cauteloso e que discutia cada vez menos a transição ao socialismo.

A intelectualidade de esquerda, sobretudo aquela que havia permanecido no Brasil, tivera de se acomodar à realidade autoritária. De um lado, os intelectuais de esquerda que viveram o período autoritário no país se impuseram uma espécie de autocensura, procurando evitar a repressão, driblar a censura e, no limite, se manter vivos. De outro lado, produziu-se uma crítica aos movimentos guerrilheiros, acusados de impedir a negociação para o retorno à democracia. A postura do PCB no pós-64, sobretudo de seus intelectuais, evidencia essa situação.

A posição dos intelectuais comunistas pode ser dividida em três fases, a primeira no imediato pós-1964, a segunda depois da decretação do AI-5, em dezembro de 1968, e a última, depois da anistia em 1979. A "Resolução Política do Comitê Central do PCB", de

---

79. Ver Rodrigo Dias (2011), tese de doutorado sobre o abandono do socialismo no léxico da esquerda durante a redemocratização.

maio de 1965, estava balizada pelo mesmo reformismo gradualista que caracterizara o partido no pré-64 e foi motivo de acusações de moderação por parte de grupos mais radicais. A resolução atribuía centralidade à luta pela democracia como forma de resistir à ditadura e recebera, segundo Segatto e Santos (2007:31), "influência de uma esfera propriamente intelectual".

As revistas *Civilização Brasileira* e *Paz e Terra* representaram a renovação do marxismo, influenciadas pela Primavera de Praga, de um lado, e pelo eurocomunismo, de outro. Os debates travados nesses meios intelectuais confirmavam a valorização do espaço político-institucional para a resistência à ditadura e uma crítica à guerrilha. Ainda segundo Segatto e Santos (2007:40), "o PCB se recusou, após a decretação do AI-5, a abandonar a estratégia de resistência ao regime militar por meio da política [...] exerceu, com êxito, a função de 'partido organizador' sempre em busca de uma referência de superfície essencial para a oposição respirar e resistir naqueles anos difíceis".

No período pós-anistia, os textos publicados por intelectuais comunistas no jornal *Voz da Unidade* (1980-1991), órgão oficial do PCB, na *Revista Presença, revista de política e cultura* (1983-1992) e os debates preparatórios para o VII Congresso (1981-1982) são os indícios mais consistentes das disputas que a abertura democrática ensejou entre os membros do PCB. A apropriação de Gramsci e a particular leitura dos comunistas brasileiros sobre a "revolução passiva", bem como a resistência, por parte de alguns de seus membros, em deixar o PMDB – considerando a necessidade de apoiar o governo Sarney e a convergência em torno da democracia – são igualmente sinais que revelam a moderação desse grupo.[80]

De outra parte, a adaptação do PCdoB à nova conjuntura não foi tarefa fácil. As discussões em torno da guerrilha do Araguaia vi-

---

80. Ver livros de Carlos Nelson Coutinho (1981) e Luiz Werneck Vianna (1978).

riam à tona nos anos 1980. Segundo Jean Rodrigues Sales (2007:99), o partido "nunca admitiu oficialmente que sofreu uma derrota no Araguaia" [...] "destacada por sua direção como exemplo que demonstraria mais claramente as características que teriam norteado sua trajetória de luta e de coerência com os princípios revolucionários" (Sales, 2007:90). Mesmo assim, coerente com a tendência a não admitir os erros da guerrilha, mas, ao mesmo tempo, se adaptar ao processo de redemocratização, o partido apoiou a Nova República, o colégio eleitoral, a eleição de Tancredo Neves e o governo José Sarney, que abandonou para compor a Frente Brasil Popular e apoiar a candidatura de Luiz Inácio Lula da Silva à presidência da República em 1989 (2007:92).

Ainda é preciso acrescentar que uma boa parte da esquerda revolucionária, representada no período da ditadura pelos grupos que aderiram à luta armada e que apostavam na transição imediata ao socialismo, sem a intermediação da burguesia nacional, teve expressão intelectual em projetos editoriais fundados nos anos 1980. Jornais como *Movimento*, *Versus*, *Jornal da Convergência Socialista*, *A Classe Operária*, *Tribuna da Luta Operária* e *Em Tempo* eram porta-vozes de grupos intelectualizados da esquerda revolucionária brasileira,[81] que buscavam espaço na nova configuração política nacional por meio da discussão de aspectos relativos à transição, como a Constituinte,

---

81. A maior parte dos jornais mencionados teve constituição inicial heterogênea, composta por várias tendências oriundas dos grupos revolucionários e de resistência à ditadura, entre os quais destacam-se representantes da AP, Polop, MR-8, PCdoB, Colina, Grupo Centelha etc. Posteriormente, com o passar do tempo, alguns tornaram-se porta-voz oficial de um determinado grupo, como o *Em Tempo*, hegemonizado pela Democracia Socialista (DS), corrente do PT, ou o *Jornal da Convergência Socialista*, que sempre representou o grupo do mesmo nome. O predomínio dos trotskistas ficou evidente nesses periódicos alternativos dos anos 1980. Para mais detalhes sobre a imprensa revolucionária, ver a tese de doutorado de Rodrigo Dias (2011).

reconstrução e criação de partidos políticos, adesão ao MDB e participação no movimento estudantil. Segundo Rodrigo Dias (2011:85), "os jornais revolucionários dos anos oitenta propiciaram um espaço de socialização do intelectual de esquerda [...] o jornal assumia um papel de *organizador coletivo*". A maior parte desses grupos políticos ofereceu apoio crítico ao processo de redemocratização e ficou ao lado do PT na eleição de 1989, para, posteriormente, fundar seus próprios partidos.

A adaptação à nova realidade, ao processo de redemocratização, foi um empreendimento de todos os grupos de esquerda, tanto dos que permaneceram no Brasil, resistindo nas franjas do regime autoritário e sujeitos à repressão, censura e autocensura quanto dos que retornaram do exílio ou saíram das sombras depois da anistia. Segundo Rollemberg (2007:202), os que voltaram do exílio tinham uma imagem de que "a sociedade era submetida a ferro e fogo pelos militares, o que nem de longe correspondia à realidade". Em função dessa imagem distorcida, Rollemberg corrobora a ideia de que "muitos viveram como drama a constatação de que o país se transformara [...] os anos de reintegração ao país foram difíceis, de adaptação, de reconstrução, como fora o próprio exílio" (Rollemberg, 2007:202).

Os exilados encontraram inequivocamente um país diferente daquele que sofreu o golpe militar em 1964. Acometido pela crise econômica internacional e pela crise da dívida externa, o Brasil contava com uma nova configuração político-partidária e os debates giravam em torno da democracia e da nova Constituição, com abandono gradual de discussões sobre qualquer alternativa ao capitalismo e à democracia burguesa. O ensino superior havia se massificado; nas ciências sociais e humanidades, havia se rompido o paradigma epistemológico da modernidade que vigorara até então.

Geoff Eley (2005:14) faz referência à necessidade que a esquerda europeia teve de repensar suas próprias concepções nos anos 1980, constituindo-se em "um enorme desafio às premissas tradicionais", observação que é pertinente também para a esquerda latino-americana como um todo, e particularmente para o Brasil: "A crise do socialismo nos anos 1980 não somente impôs repensar as fronteiras e os significados da esquerda, as necessidades da democracia e a própria natureza da política em si, mas também compeliu os historiadores a levar as mesmas questões de volta ao passado".

Eley refere-se à própria tentativa de, como historiador, durante a escrita do livro, "captar o drama de uma transição contemporânea ainda em andamento" (2005:14) e a constatação das "agonias da epistemologia", "frustrações da teoria" (2005:15). Essa sensação de um mundo em transformação e de insegurança atingiu todas as ciências sociais e humanidades, sobretudo entre os intelectuais da América do Sul, onde as transformações tiveram intensidade ainda maior. Roxana Patiño (1998:1) analisa a transição argentina e as transformações operadas no campo cultural e intelectual do país vizinho nos anos 1980 e adverte: *"el intelectual de la transición que piensa en reconstruir una cultura lo hace articuladamente con la producción de una nueva cultura política"*.

O declínio da ditadura e a necessidade de afirmação de uma cultura democrática, ainda que imersa em um ambiente com fortes resíduos autoritários, exigiram uma redefinição do papel dos intelectuais, ao mesmo tempo em que tornaram residuais as perspectivas que se inspiravam em uma cultura política revolucionária, hegemônica nos anos 1960 e 1970. O intelectual engajado e comprometido com a revolução dos anos 1960-1970 perdeu espaço, foi obrigado a revisar sua concepção de mundo. Houve uma relativa inadequação teórica – a epistemologia da modernidade passava por graves questionamentos diante da valorização do relativismo – assim como também se criou uma nova cultura política que exigia mais atenção aos problemas de ordem prática e mais independência para proceder a debates sobre democratização, via político-partidária, Constituinte etc. O processo de recolocação de intelectuais e artistas nessa nova realidade esteve influenciado, portanto, por novos valores, hierarquias e necessidades.

A produção dessa nova cultura política exigiu dos intelectuais uma adesão mais consistente à via institucional e um abandono das alternativas insurrecionais que haviam vigorado entre uma parte da esquerda no período imediatamente anterior aos golpes militares e logo após o acirramento dos regimes autoritários, além de um exame dos equívocos do passado.

Esse ambiente político e cultural de revalorização da democracia e das vias institucionais, informado pela crise do paradigma da modernidade, atinge toda a esquerda brasileira, tanto aquela que permaneceu no país quanto a que estava no exílio. Segundo Patiño (1998:3): *"la apertura de la esfera pública durante la transición y la llegada de los exiliados al país [...] permite poner en contacto circuitos intelectuales y diferentes modos de procesar los años de la dictadura"*.

Não me parece que no Brasil se trate de uma polêmica entre os exilados e os que permaneceram no país, embora haja, de fato, uma diferença entre ambos, sobretudo pelo afastamento relativo vivido pelos que se foram e pela necessidade de acomodar-se à cultura autoritária, por parte dos que permaneceram. Rollemberg (2007:213-214) também faz uma distinção entre os exilados e o resto dos brasileiros: "As esquerdas que retornaram do exílio enfatizaram as rupturas, percebendo menos as continuidades, compreendendo mal as modernizações pelas quais o país passara nos anos de ditadura, pouco sabendo sobre a sociedade com a qual lidariam nos anos seguintes, ignorando a *zona cinzenta* na qual ficara a enorme maioria dos brasileiros nos últimos 21 anos. Um passado incontornável no presente".

Mas, no caso do Brasil, as polêmicas dos anos 1980 e os processos de redefinição do papel do intelectual e de sua recolocação no espaço público estiveram marcados pela disputa em torno do caráter da dependência e das possibilidades do desenvolvimento capitalista no país. Pela leitura dos depoimentos e análises de conjuntura após a anistia feitos por Marini, Santos e Bambirra, infere-se que eles, ao retornarem ao Brasil, apesar de enfatizar as rupturas – e eles não eram os únicos –,[82] percebiam "as modernizações", ao contrário do que afirma Rollemberg (2007:213-214).

Ruy Mauro Marini, por exemplo, faz referência às mudanças do país quando do seu retorno e narra uma adesão mais acentuada às ideias estrangeiras: "E vinte anos – sobretudo se correspondem à nossa fase de afirmação e desenvolvimento profissional – contam muito. Contam ainda mais se o país a que regressamos, apesar de ter tido o seu movimento geral determinado pelas mesmas tendências que regeram o da América Latina, participando, pois, do mesmo processo de hipertrofia das desigualdades de classe, da dependência externa e do terrorismo de Estado que a caracterizou nesse período, o fez acentuando seu isolamento cultural em relação a ela e lançando-se a um consumo compulsivo das ideias em moda nos Estados Unidos e na Europa" (Marini, 1990:36).

Intelectuais e artistas saíram de um país tensionado entre a esquerda revolucionária e a direita autoritária e retornaram a um país marcado pelo apelo à redemocratização como eixo central de todas as tendências político-ideológicas. A visão do protótipo do artista ou do intelectual dos anos 1960/1970 como o sujeito com uma postura engajada, de esquerda, e quase sempre revolucionária, sofrera um revés enorme nos anos 1980. A arte engajada cede espaço à valorização da estética pura; a intelectualidade comprometida com causas sociais cede lugar a pensadores engajados em

---

82. Os grupos trotskistas que tinham jornais, como *Em Tempo*, *Jornal da Convergência Socialista* e *O Trabalho*, também enfatizaram a ruptura até o final dos anos 1980, quando aderiram à campanha de Luiz Inácio Lula da Silva à presidência da República. A campanha do voto nulo de 1978, por exemplo, que partiu de grupos como a Convergência Socialista, evidencia esse espírito.

causas mais difusas ou muito particulares. Mudaram as instituições, transformaram-se os contextos políticos e modificaram-se os intelectuais e artistas. Os exilados, aqueles que tinham a idílica noção de retornar à condição anterior, sofreram um baque muito grande e tiveram de se adaptar.

Marini trata da mudança no perfil dos intelectuais, ocorrida entre a ditadura e o processo de transição: "a maioria da intelectualidade brasileira de esquerda colaborou, de maneira mais ou menos consciente, com a política oficial, fechando o caminho à difusão dos temas que agitaram a esquerda latino-americana na década de 1970 [...] No Brasil e no resto da América Latina, a disputa pela obtenção dos recursos [...] reconstituiu a elite intelectual sobre bases totalmente novas, sem qualquer relação com as que – fundadas na radicalização política e na ascensão dos movimentos de massas – a haviam sustentado na década de 1960". Com isso, tristemente concluiu: "Como quer que fosse, esse era o país ao qual eu devia me reintegrar" (Marini, 1990:36).

Theotônio dos Santos também faz referência às dificuldades que enfrentaria no retorno ao Brasil e ensaia uma explicação: "Em 1979, no México, havia organizado, na Divisão de Pós-Graduação de Economia da Unam, um debate sobre a volta da democracia no Brasil em que trouxemos vários cientistas sociais brasileiros. Neste debate, comecei a sentir que a minha volta não seria tão bem recebida. Havia grandes divergências entre a minha visão do processo de democratização de nosso país e das implicações econômico-sociais e, sobretudo, de política econômica, em relação àquela que vinha presidindo grande parte dos pensadores sociais no Brasil" (Santos, 1994:60).

Além de constatarem as mudanças pelas quais o Brasil passara nos últimos 20 anos, nossas personagens compreendiam os motivos da interdição às ideias do grupo ao qual pertenciam. É justo, igualmente, que se faça referência aos múltiplos passados – todos incontornáveis no presente do Brasil dos anos 1980[83] — tanto daqueles que haviam permanecido no Brasil quanto dos que foram forçados ao exílio. Nos anos 1980, ainda que o país e a sociedade brasileira tenham se modificado, eram múltiplos os passados que não haviam passado. Muitos deles, irreconciliáveis entre si.

A impossibilidade de reconciliação dos múltiplos passados — as mais diversas formas por meio das quais a intelectualidade brasileira viveu o período ditatorial — esteve evidenciada nas formas como ocorreu o ingresso de cada um dos intelectuais estudados nos espaços acadêmico, cultural e político após a anistia. Para ter acesso a esses lugares, foi decisiva a adesão dos pensadores brasileiros à ideologia da conciliação, o que não caracterizava, nem de longe, o seu pensamento.

Universidades, centros de pesquisa, jornais e revistas no período pós-ditatorial

As universidades, os centros de pesquisa e a imprensa (jornais e revistas) foram, nos anos 1980, após a anistia, os lugares de recepção mais corriqueiros aos intelectuais brasileiros exilados após o golpe de 1964 ou que haviam sido impedidos de exercer seu ofício pela ditadura.

Ruy Mauro Marini retornou ao Brasil, pela primeira vez após a anistia, em dezembro de 1979, mas continuava vinculado à Unam. Em 1982, durante uma visita ao país, foi preso por três dias. Visitou novamente o Brasil no final de 1983 e no princípio de 1984. No segundo semestre de 1984, voltou para ficar. Assumiu, então, a direção de um suplemento especial no *Jornal do País*, onde escreveu sobre os mais variados temas da realidade brasileira. O periódico

---

83. Em referência à frase de Rollemberg (2007:214) mencionada.

quinzenal entrou em crise no mesmo ano. Com Neiva Moreira[84] editou, entre 1985 e 1986, uma revista trimestral, *Terra Firme*. Com Emir Sader e José Aníbal Peres de Pontes, tentou criar uma revista teórica, sem êxito.

Theotônio dos Santos voltou em 1979 e participou de projetos de pesquisa, um dos quais em colaboração com Pablo Gonzáles Casanova. Participou na comissão consultiva de projeto dirigido por Amilcar Herrera, da Universidade de Campinas, e colaborou com pesquisa organizada por Abdel Malek sobre as grandes transformações no mundo contemporâneo. Todos esses projetos eram ligados à Universidade das Nações Unidas (UNU).[85] Ainda participou, no começo dos anos 1980, como consultor de um projeto da UNU sobre pesquisas para a paz, que pretendia analisar perspectivas geopolíticas e estratégicas do mundo contemporâneo.

Vânia Bambirra regressou em 1980 e somente em 1984 foi convidada por Darcy Ribeiro, então vice-governador do estado do Rio de Janeiro, para trabalhar na Fundação de Amparo à Pesquisa do Estado do Rio de Janeiro (Faperj). Foi designada para desenvolver pesquisa sobre as principais calamidades do estado e definir as prioridades de intervenção do poder público. Segundo ela, "o projeto foi engavetado" (Bambirra, 1991:37) devido à negligência dos demais envolvidos. Também foi funcionária da Superintendência de Desenvolvimento Social da Secretaria Municipal de Desenvolvimento Social, o que lhe permitiu refletir sobre a situação das favelas. Posteriormente, foi nomeada diretora-geral do Fundo Rio, onde elaborou projeto de captação de recursos internacionais para "creches comu-

---

84. Jornalista, deputado estadual e federal, fundador do PDT e de vários órgãos de imprensa, entre os quais *Cuadernos del Tercer Mundo*, criado no exílio com jornalistas uruguaios e argentinos.
85. Fundada em 1973, ligada à Organização das Nações Unidas (ONU), a UNU é composta por centros e programas de pesquisa e formação em diversas partes do mundo, mas não confere títulos.

nitárias" e um Plano de Classificação de Cargos para o órgão. De volta à Faperj, atuou na seleção de pessoal para os Centros Integrais de Escolas Públicas (Cieps).

Apesar desse mosaico de experiências e ocupações, muitas obtidas graças aos contatos políticos ou amigos companheiros do exílio, Marini, Theotônio e Vânia eram, sobretudo, professores universitários. Essa fora a atividade principal de todas as suas trajetórias. Haviam saído do Brasil como docentes expulsos da UnB e tinham conseguido ocupação semelhante nos países do exílio, além de serem intelectuais com reconhecimento internacional e que atuaram como docentes e publicaram livros e artigos em países da América Latina, Europa e nos Estados Unidos. No retorno, tiveram bastante dificuldade em retomar a carreira acadêmica. As primeiras tentativas de reintegração foram trágicas, pois a universidade havia se modificado enormemente.

Segundo Martins (1987:79), a consolidação das universidades brasileiras nos anos 1930/1940 teve como correlato o surgimento de uma *intelligentsia*, destinada a estruturar o campo cultural por meio da criação de instituições modernas, que se constituiriam nos locais para fundação, reconhecimento e expansão de sua identidade social, e mesmo de sua missão na sociedade. A Universidade de São Paulo (USP), criada em 1934, e a Universidade do Distrito Federal (UDF), criada em 1935, eram exemplos dessa preocupação em representar a intelectualidade brasileira, os altos estudos e o desenvolvimento da pesquisa (Mendonça, 2000:139-140).

Desde então, discutem-se a autonomia das universidades e o grau de intervenção do Estado nessas instituições e em todo o campo cultural. A tentativa de tutelar o ensino superior por parte de governos autoritários, como foi o caso do Estado Novo (1937-1945),[86]

---

86. A UDF sofreu expurgos após 1935 até ser incorporada à Universidade do Brasil (UB), fundada em 1937 por Gustavo Capanema, ministro da Educação de Getúlio Vargas entre 1934 e 1945.

procurava garantir o controle sobre os intelectuais e suas atividades políticas.

Passado o período autoritário e com a crescente industrialização, os anos 1950/1960 viram aumentar o número de universidades brasileiras (de cinco, em 1945, para 37, em 1964) e a quantidade de alunos matriculados (236,7%).[87] O processo de federalização de faculdades estaduais e particulares e a reunião de escolas profissionalizantes e sua transformação em universidades católicas foram a base desse crescimento. O avanço veio acompanhado da modernização, com a criação de diversas instituições de apoio aos altos estudos, à pesquisa e ao desenvolvimento tecnológico, como a Sociedade Brasileira para o Progresso da Ciência (SBPC), em 1948, a Comissão de Aperfeiçoamento de Pessoal de Nível Superior (Capes) e o Conselho Nacional de Pesquisa (CNPq), atual Conselho Nacional de Desenvolvimento Científico e Tecnológico, ambos em 1951.

No contexto de expansão do ensino superior do Brasil, entre os anos 1950 e 1960, discutia-se a necessidade de uma reforma universitária na qual as faculdades de filosofia teriam um papel central, seja como instituições de pesquisa, seja como órgãos integradores e articuladores das diferentes unidades (Mendonça, 2000:144-145). A UnB, fundada em 1961, representava a culminância desse processo de inovação e de autonomização das instituições de ensino superior no Brasil. Segundo Ana Waleska Mendonça, os professores da UnB "[...] foram recrutados entre o que havia de melhor no Brasil. Esses professores eram atraídos em grande parte pela mística que se constituiu em torno da universidade" (Mendoça, 2000:144-145).

Os debates sobre a reforma universitária eram influenciados pela radicalização das esquerdas em torno das reformas de base. A autonomia universitária e a democratização do ensino superior,

---

87. Dados extraídos de Mendonça (2000:141-142).

conduzidos pelo projeto idealizado por Anísio Teixeira, eram alguns dos temas predominantes nesses debates.

O golpe de 1964 reverteu todos esses projetos. Iniciou com a intervenção na universidade, expurgos de docentes, repressão ao movimento estudantil e contenção do debate sobre as reformas. A reforma universitária de 1968, empreendida pelo governo autoritário, bloqueou as pretensões autonomistas do movimento de docentes e discentes, mas, de outro lado, promoveu a modernização das instituições públicas mais ou menos nos moldes em que estava sendo pensado no período anterior à implantação do regime autoritário. Uma diferença, entretanto, sobressaía. Além da relativização da autonomia, a universidade sob a égide da ditadura cresceu mais tecnicista, as chamadas ciências duras ganharam atenção redobrada e as antigas faculdades de filosofia tiveram sua importância diminuída. Estas últimas também foram vítimas da fragmentação em diferentes escolas e institutos, o que reduziu ainda mais as chances de serem o núcleo integrador de uma proposta humanista.

Outro impacto provocado pela política da ditadura em relação às universidades foi a permissividade de concessões de funcionamento a instituições privadas de ensino superior, que se multiplicaram em uma velocidade impressionantemente maior do que as públicas. Criou-se, com isso, uma diferenciação de qualidade no ensino superior brasileiro, sendo em geral, com poucas exceções, as universidades públicas de qualidade superior às privadas, que também sofreram um processo de massificação e mercantilização dos diplomas, verificáveis até hoje. Os sistemas de financiamento do ensino superior também sofreram transformações durante a ditadura e favoreceram o aparecimento e consolidação de grupos de ensino e de elites acadêmicas estribadas na repartição desses recursos.

De acordo com Mendonça (2000:148), a autonomia foi ferida em sua base: "o controle centralizado dos recursos materiais e financeiros pelo governo federal acabou por atrelar o seu funcionamento às políticas governamentais".

Marini faz referência ao papel desempenhado pela política cultural da ditadura no padrão imposto aos intelectuais brasileiros. Segundo ele, "essa política teria resultado, porém, menos exitosa se mais e mais intelectuais não houvessem sido cooptados pelo sistema, inclusive aqueles que se situavam em oposição ao regime. Ocorreu no país um fenômeno curioso: intelectuais de esquerda, que chegavam a ocupar posições em centros acadêmicos, ou que os criavam com o fim precípuo de ocupar posições, estabeleciam à sua volta uma rede de proteção contra o assédio da ditadura e utilizavam sua influência sobre a destinação de verbas e de bolsas para consolidar o que haviam conquistado, atuando com base em critérios sumamente grupais. Entretanto, o que aparecia, originalmente, como autodefesa e solidariedade tornou-se, com o correr do tempo [...] uma vocação irresistível para o corporativismo, a cumplicidade e o desejo de exclusão de todo aquele [...] que ameaçasse o poder das pessoas e grupos beneficiários desse processo [...] resultava proveitoso [...] monopolizar e personalizar as ideias que floresciam na vida intelectual da região, adequando-as previamente aos limites estabelecidos pela ditadura. Neste contexto, a maioria da intelectualidade brasileira de esquerda colaborou, de maneira mais ou menos consciente, com a política oficial, fechando o caminho à difusão dos temas que agitaram a esquerda latino-americana na década de 1970" (Marini, 1990:37).

Muito antes disso, André Gunder Frank (1968:40) já alertava para a cooptação dos intelectuais latino-americanos: "é digno de nota o fato de que o imperialismo se serve agora de convites a conferências, bolsas de estudo, programas de 'investigação conjuntos', tanto nos Estados Unidos como em seus afilhados latino-americanos, para cortejar precisamente aos intelectuais esquerdistas latino-americanos (e outros) os quais antes desdenhava e perseguia.".

A respeito dessa visão de Ruy Mauro Marini e de André Gunder Frank sobre o processo de cooptação dos intelectuais de esquerda no período da ditadura, não resisto citar Celso Furtado em entrevista concedida a Aspásia Camargo e Maria Andréa Loyola (2002:36): "Se tivesse de, em poucas linhas, traçar o retrato típico do intelectual nos nossos países subdesenvolvidos, eu diria que ele reúne em si 90% de malabarista e 10% de santo. Assim, a probabilidade de que se corrompa [...] é de nove em 10. Se escapa à regra, será implacavelmente perseguido".

Ainda segundo Marini, "desde o golpe chileno de 1974, a social-democracia europeia passou a atuar no cenário intelectual latino-americano, no que fora precedida pelas fundações de pesquisa norte-americanas e acompanhada pelas instituições culturais financiadas pelas igrejas e pela democracia cristã. No Brasil e no resto da América Latina, a disputa pela obtenção dos recursos daí advindos reconstituiu a elite intelectual sobre bases totalmente novas, sem qualquer relação com as que – fundadas na radicalização política e na ascensão dos movimentos de massas – a haviam sustentado na década de 1960" (Marini, 1990:38).

De fato, a reintegração de Marini na Universidade de Brasília, solicitada desde 1979, só foi concluída em 1987, graças à intervenção do então reitor Cristóvão Buarque e da professora Geralda Dias, do departamento de história. Antes disso, em 1984, Marini foi professor da Fundação Escola de Serviço Público do Rio de Janeiro (Fesp), então dirigida por Theotônio dos Santos, onde tentou criar um curso de graduação em administração pública, que foi inviabilizado "por falta de recursos e [...] devido à derrota de Darcy Ribeiro nas eleições para governador do Rio" (Marini, 1990:39). Como resultado imediato das eleições estaduais, foi demitido da Fesp em 1986.

Ainda por incentivo de Darcy Ribeiro, Ruy Mauro Marini procurou criar um centro de estudos nacionais na Universidade Estadual do Rio de Janeiro (Uerj), mas "a resistência oposta pela universidade levou [...] o projeto ao fracasso, tendo ela conseguido manter-se intocável durante toda a gestão de Brizola" (Marini, 1990:38).

No início dos anos 1980, logo depois do retorno ao Brasil, Theotônio e Vânia foram seduzidos por um convite do departamento de economia da Universidade Católica de Belo Horizonte para elaboração de um projeto de pós-graduação. Conseguiram um convênio com a Faculdade Latino-Americana de Ciências Sociais (Flacso), foram homenageados pelos estudantes de graduação e participaram ativamente da vida acadêmica. De acordo com Bambirra, "rompiam-se preconceitos e tabus. As palavras socialismo e comunismo, por exemplo, iam-se transformando em conceitos científicos, deixando de serem refrãos subversivos. Era bonito... foi se gestando um clima de agitação intelectual, que explicará em parte o desfecho dessa experiência" (Bambirra, 1991:33).

Essa experiência terminou sem explicação plausível. Para Bambirra, foi "uma experiência de surrealismo acadêmico". O programa de pós-graduação fora cancelado, segundo ela, por razões políticas (Bambirra, 1991:34). Theotônio e Vânia, desempregados, foram então indicados por Moniz Bandeira para criar e implantar curso de pós-graduação no Instituto Bennett de Ensino, no Rio de Janeiro, para onde viajavam regularmente. Esse projeto, todavia, não foi adiante. Theotônio descreve assim esse momento: "A anistia política de 1979 trouxe-me de volta ao Brasil. Aqui não encontrei a mesma solidariedade que obtive junto aos povos irmãos do Chile e do México. A ditadura ainda dominava o ambiente acadêmico brasileiro e só pude obter posições instáveis como bolsista do CNPq ou em cargos acadêmicos temporários, como professor da PUC de Belo Horizonte e do Instituto Bennett" (Santos, 1994:4).

No Rio de Janeiro, entre 1983 e 1986, Theotônio foi convidado para ocupar o cargo de diretor de treinamento da Fundação Escola de Serviço Público do Rio de Janeiro (Fesp), onde realizou pesquisas e diversos seminários, atuando com Vânia Bambirra e Ruy Mauro Marini. Da mesma forma que Marini, Theotônio sofreu as consequências do fracasso eleitoral de Darcy Ribeiro ao governo estadual em 1986, sendo demitido. Em 1985, prestou concurso para professor titular da Faculdade de Ciências Econômicas da Universidade Federal de Minas Gerais, onde permaneceu com vínculo até 1988. Foi reintegrado à Universidade de Brasília em 1987 e aposentou-se em 1992, sendo imediatamente convidado para atuar como professor visitante no departamento de economia da Universidade Federal Fluminense (UFF).

Dos três intelectuais deste estudo, apenas Vânia Bambirra possui o título de doutor em economia pela Unam (1987), obtido no mesmo ano em que foi reintegrada à UnB. Theotônio dos Santos recebeu dois títulos de doutor *honoris causa*, da UFMG e da UFF, após o retorno ao Brasil. Marini estava cursando o doutorado em 1964, quando a UnB foi invadida e ele passou a ser perseguido pela ditadura. Nunca terminou a tese, que era sobre o bonapartismo no Brasil. Mesmo assim, no México, orientou quatro dissertações de mestrado e cinco teses de doutorado. Vânia Bambirra explica essa situação da seguinte maneira: "Devo destacar que foi um único fator que me motivou a fazer o curso formal de doutorado, no final dos anos setenta: a perspectiva da anistia e da volta para o Brasil e, só por isso, minha pesquisa se transmutou em tese. Fora daqui, em muitas outras latitudes como aquelas que eu vivi, ele era absolutamente prescindível. No México, eu era professora de mestrado e doutorado sem possuir título de pós-graduação. No exterior, meus títulos eram minhas publicações" (Bambirra, 1991:28).

Ainda sobre as dificuldades de reinserção nos ambientes acadêmicos brasileiros, Vânia Bambirra foi reprovada em concurso no departamento de história da Universidade Federal Fluminense (UFF), em 1985, para professor auxiliar em história da América, apesar do currículo e de toda a produção intelectual que tinha na área. Considerou a "experiência vexatória [...] o único revés até hoje sofrido na [...] carreira acadêmica". (Bambirra, 1991:37).

Questionada sobre os motivos desse "revés", falou das dificuldades de escrever em português depois de tantos anos fora do Brasil e considerou, ainda, que "não encontrou qualquer ambiente na academia, porque as portas estavam fechadas todas [...] porque a gente era marxista, marxista e leninista, havia um antileninismo em particular que acabava virando antimarxismo, porque Lenin se confunde com marxismo, eu me lembro que nós voltamos ao Brasil na época do auge do eurocomunismo, e veja bem, quem morreu não foi o Lenin, foram os eurocomunistas" (entrevista concedida a Claudia Wasserman em Porto Alegre, em 5 de dezembro de 2012).

A dificuldade de reintegração dos exilados aos ambientes acadêmicos esteve, portanto, relacionada às transformações sofridas pelo ensino superior no Brasil naquele período, à adaptação das elites acadêmicas ao regime autoritário, à cooptação de intelectuais de esquerda por meio do financiamento de pesquisas e de bolsas e aos sistemas de promoção na carreira universitária.

Mas, também, como ela fez referência, houve um óbice a certo tipo de pensamento dentro da universidade. No entanto, talvez seja uma simplificação de sua parte dizer que a interdição era relativa ao marxismo propriamente dito. Em verdade, houve uma crise mais generalizada no âmbito das ciências sociais e humanidades. Uma crise epistemológica que se abateu sobre historiadores, sociólogos, economistas, cientistas políticos etc. e que derrubou a confiança no paradigma da modernidade. Movidos pelo contexto de insurreição social dos anos 1970, intelectuais europeus – sobretudo franceses, espanhóis e italianos – passaram a recusar os fundamentos racionalistas que davam sustentação às teorias do conhecimento social. Rejeitavam as metanarrativas, a noção de totalidade e a crença no progresso. Essa reviravolta na forma de pensar, fortemente influenciada pelo filósofo francês Michel Foucault, propunha a relativização da razão e a fragmentação do conhecimento.[88]

Para Fontana (2004:268), ocorreu o que ele denominou "crise da ciência histórica", "reflexo de outra crise mais profunda: a das expectativas de futuro que baseávamos numa concepção da história que parecia permitir-nos fazer previsões sobre o porvir", ou o que Anderson (1984:37) classificou como "descenso abrupto do materialismo histórico como cultura ativa e produtiva na França e na Itália".

Ainda que Anderson tenha relativizado o "descenso", limitando-o ao espaço intelectual da França, Itália e Espanha, a maioria dos cientistas sociais latino-americanos optou pela adesão ao pós-estruturalismo, representado por Foucault, Derrida e Deleuze. O rechaço às periodizações, às interpretações globais e à primazia das análises econômico-sociais deu lugar à análise do discurso, do cotidiano, das mentalidades e ao predomínio dos estudos culturais. Ao mesmo tempo, do ponto de vista político, configurou-se a crítica ao socialismo real, a reação às revelações de Khrushchov, a adesão ao maoísmo e, um pouco mais tarde, o alinhamento com o eurocomunismo. Ainda de acordo com Anderson (1984:87), foi "frequente uma evolução do maoísmo para o eurocomunismo, mediada pela rejeição veemente, comum a ambos, da experiência soviética".

Esse contexto influenciou diretamente os intelectuais sul-americanos preocupados e comprometidos com os processos de redemocratização em meados dos anos 1980. Influenciada pelo eurocomunismo e pela rejeição ao autoritarismo soviético, uma parte da intelectualidade brasileira e latino-americana também se afastou

---

88. De acordo com Astor Antônio Diehl (1993:22), "... a Modernidade foi identificada pelo progresso, pela ciência, pela revolução, pela verdade etc., enquanto que os pós-modernos valorizam o particular, o fragmentário, o efêmero, o corpo, o microscópico, rejeitando as grandes sínteses pelo conhecimento das causas primeiras, atacando o próprio sentido da história".

do materialismo histórico e procurou limitar o predomínio que o marxismo desfrutava anteriormente nos meios universitários das humanidades e ciências sociais.

Theotônio dos Santos também se refere ao óbice a suas ideias no ambiente cultural acima contextualizado: "Essas divergências foram manifestadas, sobretudo, no artigo de Fernando Henrique Cardoso e José Serra de crítica ao pensamento de Ruy Mauro Marini [...] Este artigo terminava inclusive com uma afirmação muito dura de que era preciso fechar à chave estas ideias para que não penetrassem na juventude brasileira. Era uma reação à influência que havia alcançado nosso pensamento em nível internacional, quando já se identificava uma escola própria dentro da teoria da dependência, em que Ruy Mauro Marini, Vânia Bambirra e eu éramos considerados como as figuras mais destacadas e onde se tinha uma visão profunda dos limites de uma economia dependente para conduzir o nosso país ao desenvolvimento e à democracia. Essa visão crítica que representávamos não soava bem num Brasil que queria se democratizar sem transformar a sua estrutura econômica e social e que, portanto, tentava um projeto de democracia extremamente limitada ao plano político e ao plano do reconhecimento formal da cidadania de um povo de famintos e analfabetos. Nossa visão sobre os limites de um desenvolvimento dependente, sobre suas tendências concentradoras e marginalizadoras, sobre o impacto social deste tipo de desenvolvimento, soavam como uma voz destoante. Esta talvez tenha sido a razão principal pela qual encontrei, na volta ao Brasil, extremas restrições para a minha rearticulação dentro da realidade brasileira" (Santos, 1994:60).

No artigo "As desventuras da dialética da dependência", de Fernando Henrique e José Serra (Cardoso e Serra, 1978:4), os autores criticam as teses de Ruy Mauro Marini. Embora eu não tenha identificado a passagem aludida por Theotônio dos Santos de "que era preciso fechar à chave estas ideias para que não penetrassem na juventude brasileira",[89] ficou clara, ao longo do texto, a aversão dos autores cebrapianos às tentativas de Marini de demonstrar que "o dilema fascismo ou socialismo (colocado por Theotônio dos Santos, entre outros) era teoricamente sustentável, na medida em que superexploração requer a repressão e condiciona o desenvolvimento capitalista a moldes socialmente restritivos, os quais só poderiam ser rompidos através da revolução socialista". Cardoso e Serra advertem que não rejeitam "no plano valorativo a validade da alternativa socialista", porém o texto em questão insiste em demonstrar o contrário. Na mesma medida, salientam que Marini aplica "mal, equivocadamente ou pobremente" o arsenal marxista, o qual os autores parecem igualmente desdenhar.

Provavelmente diante desse tipo de crítica, Marini escreveu em seu memorial: "a intervenção nas universidades, que expulsou professores e alunos, mutilou os planos de estudo e, através da privatização, degradou até o limite a qualidade do ensino; e a destinação de gordas verbas para a pesquisa e a pós-graduação, implicando novos critérios para a seleção de temas e o direcionamento das bolsas de estudo para os Estados Unidos e alguns centros europeus. A análise da política cultural da ditadura, iniciada com os acordos MEC-Usaid, e de suas consequências ainda está por ser feita, representando um ajuste de contas indispensável para que o Brasil possa descobrir sua verdadeira identidade" (Marini, 1990:37).

A interdição experimentada pelos intelectuais marxistas em meados dos anos 1980 e início dos anos 1990 nas universidades, centros de pesquisa e outras instituições acadêmicas foi, portanto, consistente, deliberada e dizia respeito à crise do marxismo, de um

---

89. Encontrei na p. 3 a seguinte afirmação: "Oxalá possamos, nesse artigo, senão propor alternativas (que seria pedir muito), pelo menos colocar trancas que fechem falsas saídas". A "falsa saída" a que os autores se referem é certamente o socialismo.

lado, e aos diferentes projetos de redemocratização, de outro. Nos anos 1980, os lugares de sociabilidade da intelectualidade e dos artistas que existiam antes dos golpes tinham se modificado. O ambiente das revistas culturais e políticas que existiam antes da implantação das ditaduras e as universidades já não eram mais os mesmos.

A queda do socialismo abalara de modo incontornável os meios intelectuais de esquerda. Postulava-se, no período da redemocratização, que os intelectuais e artistas devessem seguir um padrão mais autônomo, independente e democrático. A arte engajada cedeu espaço à valorização da estética pura; a intelectualidade comprometida com causas sociais deu lugar a intelectuais comprometidos com causas mais difusas ou muito particulares.

Geoff Eley (2005:15) alude às "agonias da epistemologia", "frustrações da teoria". Uma nova realidade, determinada pela derrota das convicções da esquerda dos anos 1960, vem acompanhada de novas exigências nos espaços profissionais ocupados pelos intelectuais. O processo de recolocação de intelectuais e artistas nessa nova realidade esteve influenciado, portanto, por esses novos valores, hierarquias e necessidades.

A esse respeito, Ridenti (2003:206) adverte: "Às vezes a (auto) crítica do engajamento dos anos 1960 não foi senão a máscara para o triunfo da concepção (neo) liberal do indivíduo, da sociedade e da política. No lugar do intelectual indignado, dilacerado pelas contradições da sociedade capitalista, agravadas nas condições de subdesenvolvimento, passava a predominar o intelectual profissional competente e competitivo no mercado das ideias, centrado na carreira e no próprio bem-estar individual".

O desprezo quase generalizado pela via insurrecional no novo contexto cultural latino-americano e o retorno do pluripartidarismo no Brasil levaram Theotônio dos Santos, Vânia Bambira e Ruy Mauro Marini de volta à militância político-partidária, outro fator a ser considerado em suas trajetórias depois do retorno do exílio.

Organizações e partidos políticos na redemocratização

O contexto em relação aos partidos e às organizações políticas do período da redemocratização era completamente diferente daquele que antecedeu a implantação do autoritarismo. A tônica era reorganizar a estrutura partidária e redefinir as posições políticas decompostas pela implantação do bipartidarismo, decorrente do decreto do Ato Institucional nº 2 (AI-2).[90]

A extinção dos partidos políticos deu lugar às duas organizações que, segundo o Ato Complementar nº 4, de 20 de novembro de 1965, teriam "atribuições de partido político enquanto estes não se constituíssem":[91] a Aliança Renovadora Nacional (Arena), partido do governo, e o Movimento Democrático Brasileiro (MDB), que reunia a oposição consentida pela ditadura, ambas surgidas em 1966. Oficialmente, o AI-2, decretado em 1965, permitia a fundação de outros partidos políticos, mas criava tantos pré-requisitos, como a exigência de 20 senadores e 120 deputados federais, que na prática impediu o aparecimento de agremiações. Partidos políticos foram colocados na ilegalidade mesmo antes do decreto que instituía o bipartidarismo, como o Partido Comunista Brasileiro (PCB) e o Partido Comunista do Brasil (PCdoB). Pelo AI-2 foram extintos a União Democrática Nacional (UDN), Partido Trabalhista Brasileiro (PTB), Partido Social Democrático (PSD), Partido Social Progressista (PSP) e Partido Democrata Cristão (PDC), entre outros.

---

90. Decreto de 27 de outubro de 1965, o AI-2 contava com 33 artigos e estabelecia a dissolução de todos os partidos políticos, em seu artigo 18: "Ficam extintos os atuais Partidos Políticos e cancelados os respectivos registros".

91. Ato Complementar nº 4, de 20 de novembro de 1965, que dispõe sobre a criação, por membros do Congresso Nacional, de organizações que terão atribuições de partidos políticos, enquanto estes não se constituem, e dá outras providências. Ver *site* da Câmara dos Deputados do Brasil.

Com a extinção dos partidos e a criação do MDB e da Arena, o contexto das organizações políticas e partidárias tornou-se indefinido. Para agir na institucionalidade, alguns políticos e militantes de esquerda ou centro-esquerda tiveram de se agrupar no MDB e acabaram esvaziando suas antigas organizações, ao mesmo tempo em que o próprio MDB foi formado com grande imprecisão ideológica. Depois do AI-2, outros partidos ou organizações foram criados com o intuito de resistir ao autoritarismo, como Partido Comunista Brasileiro Revolucionário (PCBR), Partido Comunista Revolucionário (PCR), Movimento Revolucionário Oito de Outubro (MR-8) e Ação Libertadora Nacional (ALN), mas permaneceram ilegais durante todo o período que vai da sua fundação até 1979.

O bipartidarismo durou 12 anos, entre 1966 e 1979. As eleições sob a vigência do bipartidarismo foram rigorosamente controladas com o intuito de dificultar a vitória da oposição e garantir a maioria absoluta da Arena no Senado e na Câmara dos Deputados. Porém, a partir de 1974, o MDB passou a ter vitórias significativas, embaladas pela crise econômica – o fim do chamado milagre brasileiro – e pela pressão exercida pelos grupos de oposição à ditadura e pelo movimento estudantil. Pressionado pelas vitórias da oposição e atribuindo esses sucessos à união das esquerdas em torno do MDB, os militares enviaram ao Congresso a Nova Lei Orgânica dos Partidos Políticos.[92] Sancionada em 20 de dezembro de 1979, a Lei nº 6.767 extinguiu a Arena e o MDB, restabeleceu o pluripartidarismo e instituiu novas regras para a criação de partidos, sinalizando para o início da abertura política.

A permissão de criar partidos políticos era parte da estratégia de saída controlada da ditadura, arquitetada pelo governo militar no âmbito da "transição negociada ou pactuada", como vem sendo definida

---

92. A denominação "nova" refere-se à substituição da Lei Orgânica dos Partidos Políticos de 1971 por esta lei, sancionada em 1979.

a transição brasileira, sobretudo porque caracterizada pela lentidão, pela liderança dos militares, pela cobertura da Lei de Anistia às forças de segurança e pelo controle das eleições, dos partidos e do acesso à representação política. Por isso, a estrutura partidária que se definiu após 20 de dezembro de 1979 não é nem de longe semelhante à existente antes do AI-2. MDB e Arena deram lugar, respectivamente, ao Partido do Movimento Democrático Brasileiro (PMDB) e ao Partido Democrático Social (PDS). Simultaneamente, correntes dissidentes das duas organizações optaram por criar outros partidos.

Reestruturado em todo o país desde 1979, o PCB passou a década de 1980 ocupado com a autocrítica a respeito da sua atuação supostamente reformista no período autoritário, em debates sobre a democracia como valor universal *versus* defesa do socialismo e a tentativa em minimizar o culto à personalidade e a influência de Luiz Carlos Prestes. Os acontecimentos internacionais, relativos à decadência do socialismo real, a partir da segunda metade dos anos 1980, terminaram por confirmar o destino cruel do partido fundado em 1922.[93]

Mesmo antes da promulgação das duas leis de 1979 (da anistia e dos partidos), as lideranças políticas dentro e fora do país reanimavam-se com a "descompressão" do regime e vinham nutrindo expectativa de retorno do exílio e de retomada da organização partidária. Leonel Brizola, expulso do Uruguai em 1977, acusado de violar as regras do asilo naquele país, partiu para Lisboa em 1978 e começou a articular o retorno ao Brasil. Propôs, junto com Darcy Ribeiro e outros exilados, uma reunião entre aqueles que tinham o mesmo objetivo: a redemocratização.

---

93. O PCB entrou na década de 1980 sem conseguir se afirmar diante das esquerdas e evidenciando enormes rachas internos: parte dos componentes da "corrente inovadora" aderiu ao Partido dos Trabalhadores (PT) e outros ingressaram no PDT de Leonel Brizola, notadamente os que se autodenominavam "prestistas".

O encontro reuniu socialistas portugueses ligados a Mário Soares, exilados brasileiros que estavam em países da Europa e da América Latina e mais de 80 trabalhistas vindos do Brasil. Ficou conhecido como "Encontro dos trabalhistas do Brasil com trabalhistas no exílio". Theotônio dos Santos e Vânia Bambirra participaram da reunião, em 1979. Theotônio revela em seu Memorial que retomara os estudos sobre a realidade brasileira justamente nessa época, provavelmente embalado pelas mesmas expectativas dos demais exilados que participaram do evento em Lisboa: "Esse caminho percorrido na direção da retomada da análise da realidade brasileira me conduzia necessariamente de volta à militância política. Comecei a trabalhar na rearticulação política do exílio brasileiro que levou, posteriormente, à minha definição no sentido de restabelecer o trabalhismo no Brasil, o que me fez participar do congresso em Lisboa que deu origem à reestruturação deste movimento trabalhista. Isso exigiu também de minha parte uma síntese entre minhas preocupações de ordem teórica sobre a questão do capitalismo contemporâneo, do imperialismo, da dependência, da transição ao socialismo e a pesquisa e análise da realidade brasileira. Todos esses elementos me conduziam à busca de uma prática política que ajudasse a levar nosso país à solução de seus grandes problemas" (Santos, 1994:53).

Vânia relata que conheceu Brizola em 1968 e esteve com ele em três ocasiões no México, a segunda delas para tratar da formação de um partido político. Refere-se a uma reunião de três dias em um hotel em Cuernavaca, onde Brizola reunira um grupo para discutir o programa da nova agremiação. Também menciona o "Encontro" em Lisboa: "Apesar desse encontro ser híbrido, nunca deixei de reconhecer a sua relevância, pois foi democrático e as propostas mais relevantes foram aprovadas nas comissões, o que resultou em um programa muito avançado. Nele, prevaleceram muitas das teses do chamado "Grupo do México", o que nos fez sentir mais responsáveis pela sua implementação" (Bambirra, 1991:32). Sua admiração por Leonel Brizola foi assim expressa em conversa com o próprio: "Estou com você, porque sei que jamais serás um Allende, vale dizer, jamais entregará, por pressão militar, o poder outorgado pelo povo" (Memorial, 1991:31).

No encontro dos trabalhistas no exílio[94] com os trabalhistas no Brasil foi elaborado um documento, chamado "Carta de Lisboa",[95] assinado, entre outras pessoas, por Theotônio e Vânia. O documento consistia em uma declaração de princípios do novo partido e anunciava a pretensão de reviver o PTB, que, em sua nova fase, pretendia comprometer-se com o "socialismo democrático".

A Carta de Lisboa reproduzia muitas das discussões realizadas pelo "Grupo do México", que garantia a presença de antigos membros e dirigentes da Polop/Política Operária na organização do novo partido. Essa presença era decorrência também do fato de a juventude trabalhista estar na origem do agrupamento da Polop/PO de Minas Gerais. Posteriormente, a aproximação de Brizola com a organização esteve ainda mais evidente nos processos de organização do Grupo dos Onze e da guerrilha do Caparaó (Costa, 2011:239).

Retornando ao Brasil em setembro de 1979, beneficiado pela anistia decretada no mês anterior, Brizola se engajaria na disputa pela sigla do PTB. Ivete Vargas, sobrinha-neta de Getúlio, também estava interessada em obter o controle da sigla e foi vitoriosa no pleito realizado no Tribunal Superior Eleitoral (TSE), em maio de 1980. Restou a Leonel Brizola conceber outra sigla para abrigar o grupo que representava. Assim, foi criado em setembro de 1980 o Partido Democrático Trabalhista (PDT), que, além de trabalhista,

---

94. Para mais informações sobre o Encontro de Lisboa, ver Sento-Sé, (2007:431-450).
95. Ver <http://www.pdt.org.br/index.php/memoria-pdt/documentos/carta-de-lisboa>.

se declarava socialista, anunciando já em seu manifesto a "defesa da democracia, do nacionalismo e do socialismo".[96]

No campo da esquerda, além do PDT e do PCB, nasceria também o Partido dos Trabalhadores (PT), em 1980. O PT surgiu da atuação de lideranças sindicais autênticas, constituídas a partir da organização dos operários da Grande São Paulo e da região do ABC paulista, com a adesão de revolucionários marxistas – leninistas e trotskistas – à ideia de formação de um partido de trabalhadores, e do incentivo de militantes cristãos radicais, constituídos pela Teologia da Libertação e pelas comunidades eclesiais de base. A proposta de fundação do partido sofreu críticas, devido à presumível divisão que poderia produzir no campo da esquerda logo após a anistia e em plena redemocratização. Se para uma parte da esquerda, que havia lutado contra a ditadura e que, inspirada na revolução cubana, havia constituído organizações radicais, a constituição de um partido de base operária representava a concretização de uma utopia, outros quadros da esquerda que resistiram na institucionalidade, no MDB, por exemplo, desconfiavam da eficiência de um partido com essas características.

Para os fundadores do PT, por outro lado, emedebistas, trabalhistas e comunistas eram considerados o que havia de mais tradicional na esquerda brasileira, o que significava dizer que eram, ao mesmo tempo, criadores do populismo e suscetíveis aos seus apelos e às teses burguesas. Trabalhistas, comunistas e alguns quadros do MDB, por sua parte, consideravam uma inconsequência alquebrar a "frente democrática" reunida em torno das reformas, do pacto e da conciliação

---

96. Além da Carta de Lisboa, a Carta de Mendes (município do Rio de Janeiro onde se reuniram lideranças trabalhistas em 1983) reafirmava a identidade socialista da agremiação: "O PDT é um Partido Socialista. O nosso Socialismo há de ser construído através do voto livre, numa sociedade pluralista e civil, sem discriminar ou excluir quem quer que seja". Ver <http://www.pdt.org.br/index.php/memoria-pdt/documentos/carta-de-mendes-rj>

para a saída segura rumo à democratização do país, e achavam que o PT dividia as esquerdas e as mantinha em uma posição de radicalismo, vista como prejudicial ao processo de redemocratização.

Em 1982, a oposição foi testada em eleições gerais que envolviam candidatos a governador dos estados brasileiros, senadores e deputados estaduais e federais. O PMDB e o PDT elegeram governadores e senadores sem superar o PDS (Partido Democrático Social), que representava a ditadura, mas obtiveram quase a metade do controle dos estados e um pouco menos de sucesso em relação ao Senado. O PT teve votação inexpressiva nas câmaras federal e estaduais, respectivamente, 1,67% e 1,37%, contra 41,75% e 42,66% do PMDB e 3,8% e 4,8% do PDT.

Theotônio dos Santos candidatou-se pelo PDT em duas ocasiões: para governador do estado de Minas Gerais, em 1982, e para deputado federal, em 1986. Foi derrotado em ambas as eleições, sobretudo porque o PMDB era o partido com maior popularidade na época, ele não era um candidato conhecido nem tinha a tradição política do candidato vitorioso, Tancredo Neves. Nos primeiros anos após a Lei de Anistia e o fim do bipartidarismo, o PMDB afirmou-se como a frente política capaz de transpor com segurança e sem maiores traumas para a sociedade brasileira a linha que separava a ditadura da democracia.

As lideranças civis de apoio à ditadura, congregadas no PDS, tinham extrema prevenção à figura de Leonel Brizola. Ele havia sido considerado o inimigo número um do regime de 1964. Ao mesmo tempo, os emedebistas autênticos temiam que o hipotético radicalismo de Brizola pudesse representar uma ameaça de retrocesso ao ainda instável programa de abertura controlada. Sua popularidade, no entanto, levou-o ao governo do estado do Rio de Janeiro, em 1982, onde, durante todo o mandato, foi vítima de campanhas de difamação pela grande mídia, incitadas pelas elites.

Nossas personagens, sobretudo Theotônio e Vânia, que militaram explicitamente no PDT, mas também Ruy Mauro Marini, que, embora não tivesse filiação partidária, contou com as únicas chances profissionais pós-anistia junto aos políticos do PDT no Rio de Janeiro, foram identificados com o radicalismo político de Brizola, Darcy Ribeiro e outros pedetistas mais radicais em uma época em que a maior parte da esquerda se posicionava a favor da conciliação. E a reintegração à militância também contribuiu para as dificuldades de reinserção social e profissional do grupo de Brasília nos anos 1980.

Em relação aos vínculos partidários pós-anistia, o estudo realizado por Denise Rollemberg (1999:51) distingue duas gerações. Segundo ela, os militantes mais experientes em 1964, ao voltar do exílio, tentaram reconstruir o trabalhismo e recuperar o passado, enquanto uma turma mais jovem de militantes que "negava e desprezava a experiência pré-64", ao retornar do exílio, ofereceu apoio ao PT por sua "ausência de vínculos com o passado" (Rollemberg, 1999:52). Como os membros do nosso grupo eram muito jovens em 1964, a autora, persistindo na sua distinção geracional, os identifica como pertencendo ao grupo que desejava desvencilhar-se do passado. Por isso, afirma que: " militantes da geração de 1968, como Rui (sic) Mauro Marini, Theotônio dos Santos [...], que, no final do exílio, aderiram ao movimento de 'reconstrução' do PTB, em Lisboa, o fizeram deixando de lado sua identidade de geração" (Rollemberg, 1999:51). A conclusão de Rollemberg a esse respeito é: "Se a geração de 1968 desprezou a de 1964, vendo-se como recomeço, a geração de 1964 considerava a de 1968 sem rumo e sem futuro. Talvez o conceito de populismo tenha impedido uma abertura da geração de 1968 em relação à geração 1964, como a rejeição à luta armada dificultou o diálogo de grande parte da geração 1964 com a geração 1968" (1999:52).

No entanto, a trajetória de Theotônio dos Santos, Vânia Bambirra e Ruy Mauro Marini rompe com essas conclusões precipitadas. Eles pertenceram ao que a autora chama de geração de 1968: eram muito jovens em 1964, fizeram parte da Polop, uma organização que pregava a luta armada, eram críticos do populismo e do nacional-

-desenvolvimentismo, mas, ao contrário do que afirma Rollemberg, valorizavam a experiência pré-64 e se filiaram ao trabalhismo. Por que isso aconteceu? Pode-se afirmar, como alega Rollemberg, que eles "deixaram de lado sua identidade de geração"?

A resposta a essas perguntas tem, a um só tempo, caráter teórico e empírico e comprova que a ideia a respeito de gerações é mal dimensionada. Todos os intelectuais – jovens e velhos, inexperientes e experientes, estudantes e profissionais consolidados – estavam imersos em um mesmo caldo de cultura, permeado pelo nacional-desenvolvimentismo e pelo populismo.

A divisão que de fato existia no seio da esquerda no pré-64 consistia em teoricamente admitir ou não a tese da capacidade burguesa em realizar reformas que pudessem levar o capitalismo brasileiro a um estágio menos dependente e mais avançado e, portanto, confiar ou não na capacidade dos governantes populistas em desenvolver autonomamente o capitalismo. Essa divisão se consolidou no pós-64.

Nossas personagens não aderiram às teses que defendiam a necessidade da revolução burguesa antes da revolução socialista. Eles descartavam a possibilidade de desenvolvimento autônomo do capitalismo periférico. Consideravam, como Lenin, que o capitalismo tinha um desenvolvimento desigual e combinado. Significa dizer que, para eles, o desnível existente entre as economias centrais e periféricas jamais poderia diminuir no interior do sistema capitalista.

Sendo assim, no retorno ao país, independentemente de serem jovens ou não em 1964, não concordavam com modelos teóricos provenientes da social-democracia ou do eurocomunismo. Aderiram, portanto, à única proposta política que parecia se afastar das soluções mais conciliadoras e burguesas e que, ao mesmo tempo, tinha densidade eleitoral. Mesmo que Brizola tivesse anunciado o imperativo da "paciência, cautela e prudência" logo após o retorno ao Brasil, o programa do chamado "socialismo moreno" era mais avançado e radical do que o de qualquer dos partidos tradicionais existentes, ao passo que o Partido dos Trabalhadores parecia uma aventura inatingível, utópica e demasiadamente basista, além de muito nova e com pouca aderência no eleitorado.

Ao mesmo tempo, as experiências políticas no exílio pareciam comprovar empiricamente a justeza das teses precedentes. A experiência de Salvador Allende teve um desfecho trágico, e foi assim considerada por Vânia Bambirra: "era uma proposta, era um sonho maravilhoso, que eu sempre duvidei que poderia converter-se em realidade; tinha maiores chances de tornar-se um pesadelo. Como muitos companheiros que compartiam essa dúvida, vale dizer os sensatos, mas que nunca professaram a tese do 'quanto pior melhor', torcíamos e ao mesmo tempo militávamos para que tudo desse certo; se nossas preocupações científicas e políticas estivessem erradas, que a história nos desmentisse" (Bambirra, 1991:26). Vânia refere-se à preocupação que tinham com a manutenção da dependência, dos padrões de acumulação capitalista e de empresas monopolistas nacionais e internacionais durante o governo de Salvador Allende.

Foram, portanto, as convicções teóricas e científicas que animaram o ingresso de Vânia e Theotônio no PDT. Ainda que Marini não tenha aderido formalmente ao partido, sua aproximação mais consistente com a política nacional pós-ditadura foi com o trabalhismo.[97] O antigo vínculo com Darcy Ribeiro, estabelecido em Brasília entre 1961 e 1964, a aproximação com o PDT e a militância a partir do Encontro de Lisboa, o risco que Brizola representava para a "nova esquerda" e para a "social-democracia", a crítica do Partido dos Trabalhadores ao populismo brizolista, aliado ao fato de muitos

---

97. No seu memorial acadêmico (Marini, 1990:38), Ruy Mauro Marini explica assim a aproximação: "É natural que, chegando, me aproximasse de antigos companheiros de lutas e de exílio, aos quais as eleições de 1982 haviam proporcionado novo campo de ação, em especial Darcy Ribeiro, Neiva Moreira e Theotônio dos Santos".

petistas estarem nas universidades, entre os quais o bem-afamado sociólogo paulista Florestan Fernandes, e a rápida reinserção de Fernando Henrique Cardoso nos círculos intelectuais e políticos da época da transição democrática foram alguns dos fatores que auxiliaram ainda mais no isolamento dos autores radicais ou marxistas da teoria da dependência, o grupo de Brasília.

A produção intelectual após o retorno do exílio

O retorno do exílio, no início de 1980, foi bastante tumultuado para Theotônio e Vânia, que tinham dois filhos pequenos, militavam no PDT, mas não tinham estabilidade profissional. Ruy Mauro Marini hesitou por mais tempo até decidir-se pelo retorno definitivo ao Brasil, mas teve igualmente dificuldade de recolocação profissional. Assim, a produção intelectual de nossas personagens foi condicionada pela situação do regresso e as necessidades de reinserção profissional.

Entre o início dos anos 1980 e o início dos anos 1990, Ruy Mauro Marini, Theotônio e Vânia mantiveram o dinamismo intelectual, organizando seminários e debates, ministrando cursos e participando de projetos de pesquisa financiados pela Fesp, Flacso, Unu, entre outros. Depois de 1980, Ruy Mauro Marini e Theotônio, além dessas iniciativas e pesquisas, escreveram predominantemente sobre os novos padrões da economia capitalista mundial, especialmente a globalização e o neoliberalismo, e também produziram textos sobre a redemocratização e a Constituinte de 1988. Vânia Bambirra dedicou-se à redação da tese de doutorado no primeiro ano do regresso ao Brasil. Intitulada "La teoria del socialismo en los clásicos: Karl Marx, Federico Engels e Vladimir Ilich Lenin", a tese foi publicada em 1992 em forma de livro, pela editora da UnB, com o título *A teoria marxista da transição e a prática socialista*.

Até 1986, Vânia esteve à frente de vários órgãos públicos do estado do Rio de Janeiro, durante o mandato de governador de Leonel Brizola, e desenvolveu atividades diversas, todas relacionadas com a criação de políticas sociais relevantes, baseadas em pesquisas sociológicas, mas que não resultaram em produção textual sistemática. Referiu-se assim ao seu regresso para atividades intelectuais e acadêmicas: "Tínhamos muitos projetos e esperanças. Sabíamos que encontraríamos dificuldades, apenas não imaginávamos que, do ponto de vista profissional, seriam tão grandes. Se o aspecto acadêmico fosse o único fator da volta, até a reintegração na UnB, quase uma década depois, não tenho dúvidas de que o regresso foi um desastre" (Bambirra, 1991:40).

Entre 1973 e 1993, André Gunder Frank esteve "exilado"[98] em três países da Europa: Alemanha, durante os primeiros cinco anos, onde viveu em três diferentes cidades (Berlim, Frankfurt e Munique), em muitas casas diferentes; Inglaterra, onde lecionou na University of East Anglia, em Norwich, e viveu até 1983;[99] e na Holanda, onde lecionou na University of Amsterdam até a aposentadoria, em 1993. Finalmente, mudou-se para o Canadá, em 1994, e para Miami, em1999. Em 1984, Gunder Frank esteve pela última vez no Brasil, depois de 20 anos, para participar do Congresso Internacional de Economistas organizado por Ruy Mauro Marini.

Marini desenvolveu uma série de pesquisas entre 1986 e 1989, em que "no curso desse período, acentuou-se uma tendência que se fize-

---

98. Em seu Autobiographical Essays (1995): *"That ended with the September 11, 1973 military coup* (refere-se ao fim do governo Allende no Chile), *which drove my family into permanent exile and for us again new cities in three countries in Europe"*

99. A. G. Frank deixou a Inglaterra devido ao racismo sofrido pela sua mulher chilena, Marta Fuentes, e seus filhos: *"We left England in 1983, because Marta was unable any longer to abide its racism - and my sons only later told me that they too were similarly discriminated against"* (Autobiographical Essays, 1995).

ra presente depois da minha volta ao Brasil e de que só recentemente tomei consciência, a qual é identificada com agudeza por Agustín Cueva [...] Trata-se da substituição de atividades mais abertas, que buscam comunicação com um público mais amplo, visando a incidir no processo de formação de opinião, e que se expressam em livros, ensaios e artigos de alcance geral, por atividades de caráter mais especializado, circunscritas a grupos fechados, cuja forma de expressão natural é o relatório ou o *paper*, e que só eventualmente transcendem ao público" (Marini, 1991:41). Para Marini, essa "carga de trabalho [...] foi sendo, aos poucos, percebida como um mecanismo de drenagem de minha vida intelectual, em favor de minha refuncionalização ao sistema científico-cultural vigente no país. De fato, ela implicava que as inquietações e objetivos de pesquisa, derivados de minha própria trajetória de trabalho, assim como a seleção de temas de estudo a que ela tende, fossem deslocados do centro de minha ocupação principal, passando a receber um tratamento marginal, lento e penoso, quando recebiam algum" (Memória, 1991:42-43).

Vítimas ou não dessa "refuncionalização", nossos autores mantiveram uma perspectiva ampla, abordando temas da América Latina e das sociedades periféricas e, mais tarde, aproximaram-se das teorias do sistema-mundo,[100] especialmente Theotônio e Gunder Frank. Outra característica que se manteve presente nos trabalhos de Marini, Frank, Bambirra e Theotônio foi a motivação política. Ainda que Marini se ressentisse da necessidade de atender às novas exigências dos meios intelectuais e acadêmicos, os escritos pós-redemocra-

---

100. Ver nota 33 no capítulo I. Além do mais, Theotônio observa, em seu memorial, o momento específico da sua carreira quando ocorreu a "transposição" da teoria da dependência para a teoria do sistema-mundo: "Dessa forma, descreveria meu percurso intelectual desde que cheguei ao México, no meu segundo exílio, em 1974, como parte do processo de elaboração de uma teoria do sistema mundial que vejo como uma fase superior à teoria da dependência" (Santos, 1994:45).

tização dos autores marxistas da teoria da dependência atendiam igualmente às suas convicções políticas. Tanto é assim que Marini e Theotônio foram praticamente os primeiros autores brasileiros a publicar artigos e livros críticos à globalização e ao neoliberalismo. André Gunder Frank já havia se manifestado sobre o neoliberalismo na obra intitulada *Reflexões sobre a crise econômica mundial*, publicada pela Zahar, no Brasil, em 1983. Nesta edição brasileira, há um último capítulo chamado "O que virá depois da reaganomia e do thatcherismo?" em que o autor discorre sobre a queda do keynesianismo, a nova ortodoxia e o futuro da economia mundial sob a égide do neoliberalismo. "Nothing new in the East: no new world order" é outro artigo de André Gunder sobre o tema, escrito em 1992.

No mesmo ano, Marini publicou "El experimento neoliberal en Brasil" e Theotônio dos Santos, "El auge de la economia mundial 1983-1989. Los trucos del neoliberalismo". Theotônio ainda publicou outros textos sobre o neoliberalismo, entre os quais "O neoliberalismo como doutrina econômica", de 1999. Esses artigos do início da década de 1990 evidenciavam uma situação recente, decorrente da crise do petróleo e da necessidade de reestruturação do capitalismo. No caso brasileiro, Marini (1992:1) insistia na igualmente recente transformação da "natureza e composição da burguesia brasileira", decorrente das relações que o país estabelecia com o capitalismo hegemônico. Atribuíam os principais elementos da nova ordem econômica mundial à crise econômica pós-1979, às estratégias de recuperação das economias centrais e à ascensão de governos conservadores (Reagan, Thatcher e Kohl). As transformações econômicas incluíam aumento dos gastos militares (em Theotônio: *"Reagan impuso al resto del mundo desarrollado un modelo de crecimiento bajo el comando incuestionable del nuevo establishment militar de Estados Unidos"* – 1992:25), diminuição do déficit público por meio do corte nos salários e nos custos sociais dos Estados (em Frank: "Os principais mecanismos para a redução dos custos – ou aumento da oferta, como preferem os que estão do lado do capital – são a redução direta dos custos salariais reais; a redução dos custos salariais sociais de despesas 'improdutivas' com saúde, educação e outras despesas de bem-estar social – adeus, portanto, ao bem-estar social..." – 1983:176), privatização das empresas públicas e menor ingerência dos Estados na economia (em Marini: *"la política de privatizaciones [...] sólo empezó a operar en octubre de 1991, llevando hasta la fecha a la subasta en bolsa de valores de 10 empresas estatales, principalmente del sector siderúrgico y petroquímico"* – 1992:6), abertura comercial e redução dos protecionismos industriais nos países periféricos.

Com respeito à abertura dos mercados mundiais, Marini (1992:6) ressaltava que no governo Collor de Mello: *"La apertura comercial, cuestión a la cual el gobierno ha atribuido gran importancia, ha sido también una de las más polémicas en la actual política económica, constituyéndose en motivo de descontento de la burguesía tradicional"*. Ao passo que Theotônio dos Santos (1992:27) advertia para o embuste que representava a afamada abertura comercial: *"El mercado nos mata – piensan íntimamente los grandes capitalistas disfrazados de neoliberales – 'avancemos sobre los mercados que aún existan y liquidémoslos. Que se abran los mercados... ¡de los otros!'"*.

Theotônio, Marini e Frank estavam cientes de que o neoliberalismo se constituía como uma nova e recente fase do capitalismo mundial, com reflexos diretos na economia dependente, mas também argumentavam que essa estratégia de recuperação da economia mundial nos anos 1980/1990 representava "mais do mesmo", ou seja, não era nada tão novo ou recente, como parecia. O título de Frank, "Nothing new in the East: no new world order", assim como toda a argumentação do artigo são indicativos da noção de continuidade das relações centro-periferia no que diz respeito ao neoliberalismo. Theotônio também se refere à continuidade de uma perspectiva protecionista/ intervencionista e, portanto, keynesiana por parte das economias centrais, no que se referia aos próprios mercados e produtos. No artigo de 1999, Theotônio defendia uma vez mais a ideia do *"neoliberalismo para os outros"*: "Não se pode aceitar tranquilamente a afirmação de que vivemos sob uma política neoliberal, quando o déficit público, o investimento militar e a especulação financeira a partir dos títulos das dívidas públicas foram as molas propulsoras da economia neste período em que os neoliberais exerceram o poder. Aqui se revela uma das questões centrais: há uma evidente contradição entre a doutrina neoliberal e a prática de seus adeptos" (Santos, 1999:120).

Marini (1992:7), por sua vez, relacionava as transformações econômicas brasileiras com as respectivas mudanças de regime político, evidenciando o quanto este último estava a serviço da acumulação capitalista:

> *La complexidad social, el grado relativo de organización de las clases y fracciones de clase, la permeabilidad del Estado a los intereses corporativos, la estrecha vinculación del país a la economía internacional hacen que las transiciones en Brasil sean largas y frecuentemente traumáticas. El experimento liberal de los 1960 supuso el derrocamiento previo del régimen político y la implantación de una dictadura militar, sobre la base de una nueva alianza de clases. El actual intento neoliberal ha exigido el desmonte del régimen militar, proceso que se prolongó por diez años, pero no ha cambiado todavía radicalmente el esquema de poder, lo que requiere la conformación de un nuevo bloque dominante.*

Assim, reconhecendo ou não a existência de grandes mudanças no modelo de acumulação capitalista, nossos autores compreendiam que a transição democrática que se operava no Brasil e no restante do Cone Sul atendia às novas e recentes necessidades das classes dominantes diante do cenário de crise internacional. Compreendiam, igualmente, que, na década de 1960, haviam saído de um país tensionado entre a defesa de uma economia regulada pelo setor público (nacional-desenvolvimentismo) e a de uma regulada pelo mercado (liberalismo), sendo ambas as interpretações de como levar adiante o modo de produção capitalista no Brasil no longo período que se estende entre 1940 e 1980. Durante o exílio, produziram interpretações procurando demonstrar a falácia dessas duas proposições burguesas, já que não concordavam com nenhuma delas em relação à política econômica. Não eram adeptos do liberalismo, tampouco se identificavam com o nacional-desenvolvimentismo. Finalmente, retornaram nos anos 1980, após longo exílio, para um país onde a única saída para a crise econômica parecia ser o neoliberalismo, o que significava estender ao grau máximo a defesa do livre-mercado e de uma economia aberta. Nesse sentido, sentiam-se duplamente derrotados: o neoliberalismo era pior que o liberalismo, que era pior que o nacional-desenvolvimentismo, que não era tampouco o que eles defendiam para o Brasil.

De outra parte, foram as questões políticas as que mais animaram os autores marxistas brasileiros no período da transição democrática, sobretudo no que se refere à defesa da democracia e sua relação com o socialismo. Vânia, Marini e Theotônio evidenciaram constante preocupação com o processo de reconstrução da democracia no Brasil e na América Latina, disso dependiam para trabalhar e com isso também renovavam as esperanças de retorno do exílio.[101]

A preocupação dessas personagens com a redemocratização, com a definição de um conceito adequado de democracia que pudesse ser implantado na realidade brasileira, e a relação dessa almejada democracia com o socialismo como horizonte de possibilidade reforça a necessidade de situar controvérsias historio-

---

101. Segundo Theotônio: "Neste conjunto de textos que vão ser publicados muito posteriormente em português colocavam-se a importância e as possibilidades de uma volta à democracia mais ou menos rápida no país. Esse enfoque vai ser muito importante na reagrupação das forças no exílio e na retomada do estudo sobre as perspectivas do avanço das lutas democráticas no país" (Santos, 1994:54).

gráficas e políticas surgidas após a redemocratização no bojo das interpretações sobre a deflagração do golpe e a implantação da ditadura. Envolvidos nessas controvérsias, os militantes dos anos 1960/1970 procuravam rever seu passado à luz dos problemas colocados pela transição.

Do ponto de vista político, havia algum desprezo em aceitar o termo "resistência democrática", quando a maior parte dos combatentes acreditava estar lutando pelo socialismo (Ridenti, 2007:48). Do ponto de vista historiográfico, havia e ainda persiste uma disputa entre aqueles que atribuem o golpe e a ditadura aos fatores preventivos (Doutrina de Segurança Nacional) e/ou conspiratórios e os autores que incorporam a noção de uma "ausência de compromisso conjuntural, tanto dos segmentos de "esquerda" quanto dos grupos "conservadores e de direita", (o que) favoreceu o golpe de 1964" (Delgado, 2012:185). Vale dizer, nas palavras de Figueiredo (1993:202), que "a questão democrática não estava na agenda da direita, nem na da esquerda [...] Nenhuma delas aceitava a incerteza inerente às regras democráticas". Ademais, de acordo com Jorge Ferreira (2007:529 e 2003), "as esquerdas exigiam as reformas, mas como seus adversários, sem valorizar a democracia". Nessa segunda versão, o golpe e a implantação da ditadura são atribuídos, portanto, não somente aos militares e às elites civis conservadoras, mas também aos esquerdistas que, segundo esses autores mencionados, não tinham compromisso com a democracia. Esse tipo de abordagem aparece novamente em livro didático, publicado por Georgina dos Santos, Jorge Ferreira, Ronaldo Vainfas e Sheila de Castro Faria (2010:325): "O radicalismo tomava conta do cenário político. Enquanto as esquerdas exigiam a decretação imediata das reformas, as direitas faziam oposição intransigente. *Nesse clima de confronto, a preservação do regime democrático não foi valorizada pelas partes em conflito*" (grifo meu).

Tais controvérsias se referem claramente, portanto, ao período de implantação da ditadura no Brasil e da luta revolucionária dos anos 1960/1970, quando os autores marxistas da teoria da dependência estavam exilados, desenvolvendo atividades docentes e de pesquisa em centros universitários latino-americanos, notadamente Chile e México, e, portanto, não diretamente envolvidos nas organizações de resistência à ditadura. Mesmo assim, há na produção intelectual desses autores indícios de preocupação e compromisso com a democracia no Brasil e na América Latina, ao contrário dos elementos historiográficos antes mencionados.

Em 1979, ainda no México, Theotônio organizou um debate sobre a volta da democracia no Brasil, em que estavam presentes vários cientistas sociais brasileiros. Segundo ele, na ocasião começou a entender que havia "grandes divergências" entre sua visão do processo de democratização e a que vinha presidindo grande parte dos pensadores sociais no Brasil. Theotônio dizia ter uma visão crítica dos limites impostos pela dependência para o desenvolvimento econômico e para a democratização política e que essa ideia de limites "não soava bem num Brasil que queria se democratizar sem transformar a sua estrutura econômica e social e que, portanto, tentava um projeto de democracia extremamente limitada ao plano político e ao plano do reconhecimento formal da cidadania de um povo de famintos e analfabetos" (Santos, 1994:61).

Outro indício da preocupação dos nossos autores com a democracia foi o texto escrito por Vânia Bambirra em 1981 e enviado por ela a Leonel Brizola. Dividida entre as preocupações com o retorno da família ao Brasil, ocorrido um ano antes, o trabalho na Universidade Católica, em Belo Horizonte, e a redação da tese de doutorado, Vânia redigiu um artigo sobre a questão política que remete à defesa da democracia e do partido como instância decisiva na transição da ditadura. Publicado pela Companhia Rio-grandense de Artes Gráficas (Corag), a editora do estado do Rio Grande do Sul, o trabalho intitulado "Os programas dos partidos políticos no Brasil: uma análise comparativa" tratava de elencar como se posicionavam os programas partidários a respeito de seis questões, consideradas por ela fundamentais para a sociedade brasileira: projeto de sociedade que preconiza e o interesse de quais classes representa; soberania nacional e nacionalismo; caráter do Estado brasileiro e política econômica; formas de propriedade; questões políticas e sociais; e política externa. Envolvida com o trabalhismo desde os anos finais do exílio, Vânia fazia uma defesa explícita do programa do PDT, em contraste com os demais partidos do campo da esquerda, mas o texto também permite interpretar sua visão a respeito da democracia e da transição brasileira. Defende a "relação entre democracia e o poder organizado do povo para impor ao Estado transformações socioeconômicas de caráter estrutural que beneficiem as grandes maiorias trabalhadoras [...] dar conteúdo popular à democracia" (Bambirra, 1981:5). Segundo ela, o PDT teria essa premissa expressa claramente no seu programa, enquanto no PT e no PMDB "tais conteúdos só aparecem vaga e confusamente" (1981:5). Mais adiante, ao analisar o programa do PDT, revela que o partido "preconiza a construção de um Estado democrático de transição ao socialismo" e que, para ela, "a democracia só é real quando materializa, no nível das relações econômicas, sociais, políticas e culturais, os interesses fundamentais das grandes maiorias" (1981:31).

Em 1981, Vânia defendia o partido e o programa partidário como instrumentos do processo de democratização, o Estado como fator de transformação e a necessidade de privilegiar as tarefas econômicas, já que "representam interesses de classes sociais e frações de classe [...] que não podem ser completamente ocultados" (Bambirra, 1981:3). Veremos que Marini se diferenciava desse ponto de vista estritamente partidário e estrutural no que se referia à transição democrática.

Alguns anos antes, em 1976, Marini publicou uma série de artigos em que revelava preocupação com a política dos Estados Unidos para a América Latina, referente ao "deslizamento da ênfase norte-americana da doutrina clássica da contrainsurgência, que incentivara os golpes militares na região, para formas de democracia limitada, que Samuel Huntington chamava de democracias governáveis e o Departamento de Estado norte-americano denominava democracias viáveis". Era uma maneira de entender a redemocratização como resultado de estímulos externos, segundo Marini, "combinados com tendências que, embora tenuemente, se delineavam no Brasil e em outros países latino-americanos", deixavam antever "a substituição das ditaduras militares e os processos de redemocratização" Observava, ainda, que as redemocratizações começavam com "cartas marcadas", mas que "abriam [...] amplo espaço à mobilização das forças populares e exigiam da esquerda uma readequação política radical" (Marini, 1991:32).

Cabe compreender o significado dessa demandada "readequação política radical" da esquerda a que se referiu Ruy Mauro Marini em 1991. Para elucidar tal ponto, recorro ao texto publicado pelo autor em 1985 e, portanto, na mesma conjuntura em que Vânia escrevera sobre partidos políticos. Intitulado "La lucha por la democracia en América Latina", Marini (1985:8) defende que a transição abria para a esquerda uma oportunidade de superar a "experiência molecular e marcadamente reivindicativa do movimento popular que se constituiu como fator negativo para sua unificação". Observe-se que Marini atribuía a desunião do movimento popular não apenas a fatores da própria natureza das dissensões doutrinárias e ideológicas, mas, sobretudo, à "derrota histórica, que significou para ele o desmantelamento de suas vanguardas e o sacrifício de seus quadros dirigentes", e que "seu desenvolvimento recente dividiu e dispersou as forças populares, criando obstáculos para que pudessem projetar-se no plano político com força real", acrescentando que isso levava as forças populares a manifestarem-se como movimento apenas em conjunturas críticas (Marini, 1985:7).[102] Ele sugeria "repensar a tendência que tinha sido a da esquerda dos anos sessenta no sentido de privilegiar as tarefas econômicas na luta revolucionária, o uso do Estado como fator primordial de transformação e a visão do homem primariamente como entidade socioprofissional" (Marini, 1985a:9). Vale dizer, Marini propunha a readequação do comportamento das esquerdas, no sentido do abandono da rigidez doutrinária e ideológica e também na priorização da luta eminentemente classista. Em suas palavras: "A realidade última da luta de classes advém do processo produtivo e não está em discussão a definição do indivíduo como operário ou camponês. Mas, operário ou não, camponês ou não, o indivíduo é homem ou é mulher, é branco, índio ou negro, é um animal que requer condições em exigências particulares e específicas; ainda que apenas em um plano recobre a sua unidade, somente ali reintegre suas distintas facetas em um todo indivisível: *enquanto cidadão, membro integral da sociedade política*" (Marini, 1985:9; grifo meu).

Compreendo a "readequação política radical da esquerda" demandada por Marini de duas maneiras. Primeiro, ele convocava a militância à unidade entre partidos e organizações sociais,[103] reconhecendo a indissolubilidade entre os aspectos econômicos e sóciopolítico-culturais do indivíduo; em segundo lugar, defendia a instância política e o pluralismo como prioridades para a defesa da democratização brasileira. Propugnava, assim, "descartar as propostas dogmáticas e sectárias que fazem da unidade ponto de partida,

---

102. Possivelmente Marini se referia ao movimento das Diretas Já como uma dessas conjunturas críticas.
103. "Partidos e organizações sociais não são entidades antagônicas [...] Contrapor-lhes a ótica autonomista, ou hierarquizá-los e subordiná-los entre si, ao velho estilo da esquerda, não pode senão obstacularizar a uns e outros e conduzir o indivíduo e sua prática social à desintegração" (Marini, 1985:9).

ao invés de [...] fazer do pluralismo o critério fundamental de uma prática social livre e solidária" (Marini, 1985:9).

O livro *Democracia e socialismo no capitalismo dependente*, de Theotônio dos Santos, surge em 1991. Portanto, depois da promulgação da Constituição de 1988 e da primeira eleição direta para a presidência da República, em 1989. No livro, o autor faz uma síntese de suas ideias a respeito da transição no Brasil. Tratava a questão democrática como a "síntese de nossos dramas e esperanças", porque "numa sociedade onde as grandes questões [refere-se à dependência, concentração de riqueza, marginalização das massas, desrespeito aos direitos humanos] continuam irresolutas, gerando uma permanente crise de legitimidade e de poder do Estado, não se pode esperar a existência de uma democracia sólida" (Santos,1991:195).

Nesse sentido, Theotônio dos Santos procurava explicar o que denominava "saída moderada" (1991:200), de "caráter protelatório" (1991:249), "obra de ilusionismo político" (1991:250), que visava manter "intocada a estrutura básica do modelo econômico da ditadura" (Santos, 1991:250): "A classe dominante brasileira elaborou um projeto de abertura política a partir de 1973 que buscava criar um modelo político liberal capaz de expressar mais coerentemente os interesses da base econômica capitalista-industrial, implantada no país no contexto do processo de internacionalização da produção e do capital." (1991:247).

Mesmo reconhecendo que o projeto de abertura política havia sido idealizado pela classe dominante brasileira, "assumindo-o formalmente, mas negando-o na prática" (Santos, 1991:249), Theotônio considerava o movimento popular propulsor de "ações de radicalização das propostas das classes dominantes" (1991:248). Melhor esclarecendo, em suas palavras: "Quando a burguesia propõe uma simples descompressão, o movimento popular força uma abertura. Quando a burguesia assume a abertura política, o movimento popular reivindica a transição democrática. Quando a burguesia assume a transição democrática, coloca-se para o movimento popular um horizonte político e ideológico muito mais difícil de ser transposto [...] porque se a transição democrática for realmente realizada [...] inaugurar-se-á um processo de conteúdo muito mais profundo em que o movimento popular tenderá a ser a força hegemônica e determinante" (Santos, 1991:249).

O capítulo sobre a redemocratização termina com um Theotônio dos Santos esperançoso nos rumos da esquerda brasileira, conclamando a unidade de lideranças e partidos. Em 1991, quando publicou o livro, ele não tinha como imaginar que, depois de 12 anos e alguns meses de hegemonia de um governo popular (2003-2016), as forças conservadoras da burguesia perpetrariam um novo golpe contra a democracia. Novamente a esquerda brasileira seria criminalizada pela grande imprensa e pelos políticos conservadores. Assim, repetiu-se em 2016, em toda a sua extensão, a afirmação de Ruy Mauro Marini (1985b): "A história da política brasileira tem tido [...] como protagonistas os grupos mais fortes da classe dominante [...] esta não hesitou nunca em impor às classes dominadas mecanismos de contenção [...] 1964 foi, nesse processo, apenas um episódio" (Marini 1985b:21).

Nossos autores também tiveram participação nos debates a respeito da Constituição de 1988.[104] Em 1985, a Editora Brasiliense publicou o livro *Constituinte e democracia no Brasil hoje*, organizado por Emir Sader, com a participação de 14 autores, entre os quais Raymundo Faoro, Ruy Mauro Marini, Theotônio dos Santos, Clau-

---

104. Os debates acerca da nova Constituição iniciaram em 1985, sendo que a primeira questão girava em torno da eleição de uma Assembleia Constituinte exclusiva ou a transformação do Congresso eleito em 1986 em Constituinte. O Centrão, como era chamada a reunião dos partidos conservadores, conseguiu que o Congresso de 559 membros (487 deputados e 72 senadores) fosse transformado oficialmente em Assembleia Constituinte em 1º de janeiro de 1987.

dio Abramo, cardeal Paulo Evaristo Arns e Paulo Sérgio Pinheiro. Sem homogeneidade entre os autores, Emir Sader apresentava como objetivo do volume contribuir para "transformar o processo constituinte num passo a mais que ajude a construir a democracia brasileira". Entre os pré-requisitos para o sucesso da Constituição, Ruy Mauro Marini (1985:19) e Theotônio (1985:170) defendiam a supressão da ordem autoritária. Theotônio defendia, inclusive, uma redefinição do conceito de segurança nacional. Marini, por sua vez, recomendava que, antes da eleição da Assembleia Constituinte, se desmantelasse o aparelho repressivo, representado pelo Serviço Nacional de Informações, o SNI, "um corpo estranho à sociedade e ao próprio Estado, mas que infiltra ambos até a medula com seu policialismo corrosivo" (Marini, 1985:23-24).

Ambos os autores, ao procurar as raízes dos problemas brasileiros para a consolidação democrática, reforçaram a ideia do predomínio quase ininterrupto de uma classe dominante senhorial sobre um aparelho estatal particularmente poderoso, suficiente para conter setores populares ao longo de toda a história do Brasil. Comungavam igualmente da ideia de que a transição democrática resultara numa reafirmação da burguesia representada pelo grande capital que passara "pela neutralização da extrema direita civil e militar e pelo isolamento e dispersão dos setores populares contestatórios [...] que permitiu à burguesia impor-se como força dirigente no processo de liquidação da ditadura militar, transformando-o numa transição livre de sobressaltos" (Marini, 1985:29). Consideravam que "o liberalismo – aqui e ali tingido de tons social-democratizantes que não desfiguram sua essência – tornou-se a ideologia dominante, permitindo à burguesia restaurar o fio de uma tradição somente rota em 1937 e 1968" (Marini, 1985:30). Por isso, para Theotônio (Santos, 1985), a principal disputa da Constituinte seria travada entre "um neocapitalismo, liberal no campo econômico; autoritário e restritivo no político; assistencial no social; cosmopolita e modernizador no cultural; e um socialismo reformista, planejador, intervencionista e nacionalista no econômico; democrático e participacionista no político; privilegiando o social e desenvolvendo o popular e o nacional no plano cultural" (Santos, 1985:164).

Para os dois autores, envolvidos nas discussões preliminares sobre a Constituinte, "o debate sobre a empresa pública estará no centro da confrontação entre os setores populares e os neoliberais e conservadores" (Santos, 1985:167). Sem muita esperança nos setores populares para fazer impor suas convicções, Marini (1985:30) observava que "o apetite pelo butim representado pelas empresas públicas e a hegemonia finalmente conquistada, que autoriza a sonhar com o manejo discricionário do aparelho do Estado, só faz reforçar a tendência da grande burguesia no sentido de estabelecer de maneira ampla o regime liberal".

O que se viu posteriormente à promulgação da Constituição de 1988, e durante os anos 1990, foi justamente a vitória e a consolidação do que Marini chamara de "regime liberal", responsável pelo desmantelamento da maior parte do patrimônio público nacional, representado pela privatização irrefletida de empresas de telefonia, telecomunicações, energia, bancos e siderurgia.

Mais recentemente, o projeto nacional-popular representado pelo PT desde 2003, embora tenha conseguido frear as privatizações e o sucateamento de empresas públicas e tenha representado igualmente o retorno e a maximização do Estado em áreas sociais e assistenciais, não foi capaz de impedir a promíscua relação entre empreiteiras e empresas públicas, como a Petrobras. Os governos do PT também não foram eficientes para impedir a proeminência das classes dominantes no seu papel de contenção dos movimentos populares, e acabaram sendo vítimas do golpe que terminou tristemente com a mais interessante experiência distributiva da história do Brasil.

Novas e antigas polêmicas

O enfrentamento entre correntes liberais ou neoliberais e nacionalistas ou estatistas em relação ao capitalismo brasileiro e latino-americano prevaleceu desde os anos 1930/1940 e se manteve acirrado nos anos 1990 e início do século XXI. As polêmicas antigas em torno do tema ganharam nova roupagem e novos personagens, entre políticos e intelectuais. Assim mesmo, a maior parte dos intelectuais que, nos anos 1960/1970, discutiram a questão do capitalismo periférico e disputaram diferentes visões sobre as possibilidades de seu desenvolvimento ainda se encontravam presentes na arena política no início do século XXI.

Em uma carta datada de 25 de outubro de 2010, Theotônio dos Santos dirige-se ao ex-presidente da República e sociólogo Fernando Henrique Cardoso para contrapor-se a uma carta aberta de FHC dirigida ao então presidente Luiz Inácio Lula da Silva, em que o ex-presidente defendia seus dois mandatos.[105] Ao responder a FHC, faz referência aos laços que uniam Fernando Henrique ao grupo de Brasília, ao rompimento estabelecido pela polêmica com Ruy Mauro Marini e aos desdobramentos políticos do debate teórico que travaram ao longo de pelo menos 40 anos: "Vejo-me na obrigação de responder a carta aberta que você dirigiu ao Lula, em nome de uma velha polêmica que você e o José Serra iniciaram em 1978 contra o Ruy Mauro Marini, eu, André Gunder Frank e Vânia Bambirra,

---

105. A carta de Fernando Henrique Cardoso a Lula, datada de 22 de outubro de 2010, listava os programas e os investimentos realizados na sua gestão na presidência da República, como a criação do Plano Real e os benefícios que a privatização do sistema Telebrás trouxera para o povo brasileiro, entre outros, além de chamar de mentirosa a declaração petista de que o PSDB "não olhou para o social". Ver <http://noticias.terra.com.br/brasil/politica/eleicoes/em-carta-aberta-a-lula-fhc-lista-avancos-na-gestao-do-psdb,7f5eea5535e2d310VgnCLD200000bbcceboaRCRD.html>, Acesso em: mar. 2012.

rompendo com um esforço teórico comum que iniciamos no Chile na segunda metade dos anos 1960. A discussão agora não é entre os cientistas sociais e sim a partir de uma experiência política que reflete, contudo, este debate teórico" (Santos, 2010:1).

Depois de procurar derrubar "mitos" construídos em torno do governo de Fernando Henrique, Theotônio conclui dizendo: "Vocês vão ter que revisar profundamente esta tentativa de encerrar a Era Vargas com a qual se identifica tão fortemente nosso povo. E terão que pensar que o capitalismo dependente que São Paulo construiu não é o que o povo brasileiro quer" (2010:1). A alusão de Theotônio à "era Vargas" fazia menção ao discurso de Fernando Henrique Cardoso no Senado Federal, em 1994, em que o então senador, recém-eleito presidente da República, disse textualmente: "Eu acredito firmemente que o autoritarismo é uma página virada na História do Brasil. Resta, contudo, um pedaço do nosso passado político que ainda atravanca o presente e retarda o avanço da sociedade. Refiro-me ao legado da Era Vargas – ao seu modelo de desenvolvimento autárquico e ao seu Estado intervencionista".[106] A referência de Theotônio à era Vargas alude igualmente à crítica ao neoliberalismo posto em prática durante os dois mandatos de Fernando Henrique Cardoso na presidência do Brasil.

Detecta-se assim, em 2010, a persistência do debate em relação ao tamanho do Estado, ao seu papel na regulação econômica e à disputa entre liberalismo e nacionalismo no Brasil. Assistimos ao recém-eleito Fernando Henrique Cardoso insistir no encerramento da era Vargas, no fim do intervencionismo do Estado na economia, na flexibilização da CLT, e Theotônio dos Santos, representando o grupo de autores marxistas da teoria da dependência, ao final de dois mandatos do PSDB, criticar o neoliberalismo, a flexibilização

---

106. Ver http://www.conversaafiada.com.br/politica/2014/08/24/fhc-decreta-o-fim-da-era-vargas-qua-qua-qua

das leis trabalhistas, as privatizações etc. e reiterar a necessidade de manter e aprofundar as conquistas iniciadas no período de governo de Getúlio Vargas.

A "redemocratização sem sobressaltos", mencionada antes por Ruy Mauro Marini, procurava aprofundar o projeto neoliberal com a redução do papel do Estado. Desde a reunião da Assembleia Nacional Constituinte, a direita tradicional e a nova direita liberal uniram-se para impor o Estado Mínimo, para aceitar o confisco do Estado pelos interesses privados, acobertados pela instituição de agências reguladoras, para implementar as privatizações e com a finalidade de impor a flexibilização das leis do trabalho.

A vitória do Partido dos Trabalhadores (PT), em 2003, acabou interrompendo a sucessão de governos neoliberais iniciada em 1994 e recolocou o debate do papel do Estado na sociedade brasileira. Os sucessivos governos do PT procuraram erradicar a desigualdade social, apostando no fortalecimento do Estado como condutor do processo, mediante a criação de políticas públicas corretivas dessas desigualdades. Assim, nessa nova etapa da história brasileira não se tratava de "encerrar a era Vargas", mas de aprofundá-la. O golpe desferido em 2016 contra a presidenta Dilma Rousseff revela, por outra parte, o profundo inconformismo das classes dominantes brasileiras com as políticas distributivas de renda, o fim dos privilégios senhoriais e oligárquicos, a defesa dos trabalhadores e o reforço do papel do Estado.

A história dessas disputas e os "vai e vens" desse debate entre liberalismo e nacionalismo continuam, portanto, atuais na sociedade brasileira e são mencionados por Theotônio dos Santos na carta a Fernando Henrique como "uma experiência política que reflete este debate teórico". Durante a disputa à presidência da República entre José Serra e Dilma Rousseff, o historiador Durval Muniz de Albuquerque Jr. (2010) redigiu um texto dirigido aos colegas, que fez circular por meio da Associação Nacional de Historiadores

(Anpuh), sobre o que estava em jogo naquelas eleições: "Quando uma vez na Presidência da República, Fernando Henrique se propôs a enterrar a era Vargas, ele estava realizando o projeto da Teoria da Dependência que criticava algumas formulações básicas do pensamento cepalino e neoclássico, que na versão henriquiana se afastava também das leituras marxistas tanto vindas do pensamento da CEPAL quanto no interior da própria Teoria da Dependência, propondo assim o desmonte do Estado nacional-desenvolvimentista e populista, fantasmas que são brandidos hoje pelos economistas e "experts" de plantão convocados pela mídia, que estariam sendo reabilitados pelo governo Lula" (2010:5).

Outro tema recorrente nas análises do grupo aqui estudado e que permanece atual diz respeito ao esgotamento da própria dependência como situação social ou da capacidade da teoria da dependência em dar conta de explicar as situações concretas. Ressalte-se que a teoria da dependência sofreu impugnação tanto por parte dos intelectuais liberais e conservadores, alguns ligados ao desenvolvimentismo, outros cepalinos, quanto de intelectuais de esquerda, vinculados, por exemplo, aos partidos comunistas. As agruras da teoria da dependência iniciaram a partir da derrota da Unidade Popular (UP) e do golpe no Chile. Foi muito criticada porque teria influenciado o governo chileno de Salvador Allende,[107] o que redundou em maiores críticas quando adveio o golpe de 1973 e o fracasso da estratégia delineada no programa da UP. O fim do ciclo de desenvolvimento, a partir das experiências de industrialização por substituição de importações, também afastou o interesse da intelectualidade e dos

---

107. Ver Bambirra (1977:7), onde ela se refere ao ambiente acadêmico do Chile antes da vitória de Allende: *"Sin duda, la intensa polémica que se llevava a cabo entonces sobre la dependencia, al influir de manera significativa en la elaboración del programa de la Unidad Popular, marcó una evolución cualitativa en la estratégia de lucha revolucionaria en América Latina."*.

formuladores das políticas públicas desenvolvimentistas, inclusive entre as novas gerações.

Mesmo assim, em 1981, a revista *Latin American Perspectives* dedicou dois números (3 e 4) ao mapeamento do debate acerca da dependência. Entre os autores daqueles volumes da revista estavam professores da Universidade de Liverpool, Universidade Nacional Autônoma do México (Unam), American University, de Washington, Universidade do Colorado, em Denver, Livingston College da Columbia University, entre outros, que acompanharam os debates a respeito da dependência e foram responsáveis pela introdução das pesquisas sobre a América Latina em seus locais de trabalho, desde os anos 1970, voltadas, sobretudo, aos temas do desenvolvimento, da dependência e dos golpes militares e ditaduras. Também fundaram institutos de pesquisas latino-americanos nas universidades europeias e norte-americanas, tendo por base as originais contribuições dos intelectuais da América Latina, muitos dos quais estavam exilados na Europa e nos Estados Unidos em função das ditaduras de segurança nacional.

Os artigos abordaram temas como as implicações políticas da teoria da dependência (Thomas Angotti), as relações entre a teoria da dependência e o imperialismo adaptado à realidade latino-americana (Norma Stoltz Chinchilla e James Lowell Dietz) e a importante diferenciação entre a teoria da dependência e o marxismo (John Weeks).

A respeito do descrédito da teoria da dependência, Ronaldo Munck (1981), do Departamento de Sociologia da Ulster Polytechnic, sentenciava: *"dependency theory has not died. It still permeates the analysis and theory of the left [...] That is why the ideological struggle against this theory is not something of the past; it is an urgent task for today"* (1981:162).[108] Considerei a atualidade dessa afirmação no seguinte sen-

---

108. "A teoria da dependência não morreu. Ainda permeia a interpretação e a teoria da esquerda [...] É por isso que a batalha ideológica contra essa teoria não é um fato do passado, é uma tarefa urgente da atualidade".

tido: é certo que a situação de dependência se modificou enormemente desde a época da formulação daquele arcabouço teórico e, igualmente, desde 1981, quando Munck escrevia sobre isso. Além das mudanças nas situações de dependência, poder-se-ia discutir até mesmo sua existência como um problema real em algumas das sociedades para as quais, décadas atrás, ela constituía-se como dificuldade estrutural. Mas, apesar de todas essas reticências a respeito da dependência em si, a *teoria* não se referia apenas à tentativa de explicar a ocorrência de uma relação de dominação e subordinação entre países e de apontar as possíveis soluções para os problemas decorrentes dessa relação. Dizia respeito, sobretudo, a um modo de entender o funcionamento peculiar das sociedades periféricas, que ainda hoje precisam ser explicadas a partir de suas características, sem considerar necessariamente as relações entre países como fundamento da análise.

As críticas tanto do campo liberal quanto dos partidos comunistas[109] provocavam reanálises dos próprios autores ligados ao conceito. E, de fato, ainda vige uma disputa entre os que pretendem aplicar a teoria da dependência e aqueles que a reprovam. O recente destaque conferido a Vânia Bambirra, antes do seu falecimento no final de 2015, a publicação em português de textos de Marini, Bambirra e Theotônio, a realização de congressos, a formação de centros de estudos ligados à teoria da dependência e a elaboração de dissertações de mestrado e teses de doutorado que a tomam como assunto principal são evidências da reabilitação da teoria da dependência e de alguns de seus pressupostos.[110]

---

109. Foram várias as impugnações e críticas sofridas pelos teóricos marxistas da dependência ao longo de sua formulação e suas trajetórias de pesquisa. As críticas liberais mais contundentes foram feitas por Fernando Henrique e José Serra e, no campo da esquerda, Bambirra menciona três críticos considerados por ela mais significativos, Agustín Cueva, Octávio Rodriguez e Enrique Semo (Bambirra, 1977:1). A crítica mais contundente foi feita por Agustín Cueva no Congresso Latinoamericano de Sociologia, realizado na Costa Rica em 1974 (Garcia, 1978:14).

110. Entre algumas iniciativas de alavancar os estudos recentes sobre a teoria marxista da dependência, destaco a criação do núcleo de História Econômica

Em 1983, no livro *Reflexões sobre a crise econômica mundial*, André Gunder Frank (1983) argumentava que "embora a teoria da dependência esteja morta, na realidade está viva, porque não há como substituí--la por uma teoria ou ideologia que negue a dependência; seria necessário substituí-la por uma teoria que fosse além dos limites da teoria da dependência, incorporando esta, juntamente com a dependência em si, numa análise global da acumulação" (1983:20). Gunder Frank estava defendendo, evidentemente, a utilização da teoria do sistema--mundo capitalista, por ele incorporada a partir de seu exílio definitivo da América Latina e por ele considerada mais completa, por influência das leituras e dos contatos com autores como Immanuel Wallerstein, Giovanni Arrighi e Samir Amin, entre outros, que se valeram das teses da teoria da dependência para construir novos arcabouços teóricos que incorporassem o centro do sistema capitalista de outra forma a partir da crise dos anos 1980.[111] O próprio Gunder Frank parece ter introduzido no debate o tema da "morte" da dependência ou da "morte" da teoria a partir do apêndice à segunda edição, em 1976, do livro *Capitalismo y subdesarrollo en América Latina*. Intitulado "La dependencia ha muerto, viva la dependencia y la lucha de clases: una respuesta a criticos", o texto é uma resposta às críticas liberais e dos partidos comunistas à teoria da dependência, mas reconhece que os conceitos dos anos 1960/1970 não eram adequados para explicar a nova crise de acumulação de capital. Sugere uma retomada dos estudos acerca da acumulação capitalista e suas variações ao longo do tempo.

A resposta imediata à sentença de morte da dependência veio poucos anos mais tarde no texto de Agustín Cueva (1979): *"La*

---

da Dependência Latino-americana (Hedla-UFRGS), em 2012, e o Instituto de Estudos Latino-americanos (Iela-UFSC), fundado em 2004.

111. Ver nota 101 sobre a transposição de Gunder Frank e Santos para as teorias do sistema-mundo capitalista e nota 33 sobre as teorias do sistema-mundo capitalista.

dependencia obviamente no ha muerto, ni nadie ha tratado en momento alguno de negar su existencia, ya que es una de las dimensiones mas expresivas de nuestra realidad. Los estudios concretos que sobre ella se han echo siguen y seguirán por lo tanto vigentes, y no como un simple reservorio de datos sino como una cantera inagotable de preocupaciones y sugestiones para la futura investigación" (Cueva, 1979:39). Assim, Cueva reforça a ideia da existência real de situações de dependência e da necessidade de estudos igualmente concretos sobre cada situação específica, e ainda acusa Gunder Frank de *"confundir un hecho histórico objetivo con las teorias que a partir de él puedan elaborarse"*. Por isso, faz uma ressalva: *"Lo que tal vez haya estallado sin remédio es esa caja de Pandora, de la que en un momento dado llegaron a desprenderse todas las significaciones e ilusiones, y que recebió el nombre de teoria de la dependencia"* (Cueva, 1979:39). Dessa forma, apesar de reconhecer a importância da teoria da dependência para a refutação da sociologia burguesa, do dualismo estrutural e das teorias desenvolvimentistas, sua crítica é dirigida principalmente a André Gunder Frank. Cueva assinalava os seguintes problemas: o mau uso do marxismo no tratamento da discussão feudalismo/capitalismo na América Latina e o destaque dado à análise da contradição entre países que tendia a suplantar e escamotear a contradição entre as classes. Agustín Cueva ainda criticava Theotônio pelo reparo que o autor fizera à tese do imperialismo de Lenin, referente ao estagnacionismo, e advertia que isso seria uma *"nostalgia del desarrollo capitalista autónomo frustrado [...] un permanente hálito ideológico nacionalista"* (Cueva, 1979:21), como se estivessem os autores dependentistas a afirmar que, a não ser pela situação de dependência, nossas sociedades poderiam desenvolver-se plena e harmoniosamente. Finalmente, em Marini, Cueva criticava a formulação do conceito de superexploração do trabalho, argumentando que o autor diferenciava o capitalismo clássico do capitalismo dependente, o que autorizaria a *"formular leyes específicas para uno y otro"*

(1979:28). Para Cueva, portanto, não havia espaço para uma teoria da dependência porque esta poderia supor a existência de dois modos de produção capitalistas, um clássico e um dependente, e, consequentemente, sugerir soluções distintas para as contradições decorrentes de cada caso.

O livro de Vânia Bambirra (1977) *Teoria de la dependencia: una anticrítica* se propunha a discutir os aportes daqueles autores que eram, na visão dela, os mais significativos críticos da teoria da dependência, Agustin Cueva, Octávio Rodriguez e Enrique Semo. Depois de responder, ponto por ponto, as críticas feitas por Cueva, Bambirra envolveu-se na questão da pretensa morte ou vida da teoria da dependência: *"La teoria de la dependencia será algún día, que espero no tarde mucho, pieza del museo de la historia del pensamento de los antigos pueblos oprimidos. Para que eso ocurra es necesario primero que sean superadas las condiciones que la hicieron necesaria: el capitalismo dependiente"* (1977:29). A julgar pela reabilitação e sucesso da teoria da dependência no início do século XXI, e pelo súbito interesse pelos textos dos autores aqui estudados,[112] conclui-se que o capitalismo dependente segue vigente e que suas contradições não foram superadas, impedindo que a aspiração de Bambirra fosse prontamente realizada.

As polêmicas de Agustín Cueva com a corrente marxista da teoria da dependência prosseguiram a propósito da definição dos regimes autoritários então vigentes na América Latina. O debate travado em 1978, no México, no Seminário Permanente sobre América Latina (Sepla), intitulado "Las fuentes externas del fascismo: el fascismo latino-americano y los intereses del imperialismo", foi reproduzido nas páginas da revista *Cuadernos Políticos* e colocava a questão do fascismo na América Latina. Quatro autores fizeram parte da polêmica: Pio García, Agustín Cueva, Ruy Mauro Marini e Theotônio dos Santos. Pio Garcia apenas introduziu a discussão

---

112. Ver nota 111.

e propôs os termos do debate, considerando que as ciências sociais e políticas da América Latina vinham, ao menos desde o golpe no Brasil, se ocupando cada vez mais com a definição dos regimes ditatoriais então recentemente implantados.

Agustín Cueva (1979:16) tratou de definir os regimes da América do Sul como fascistas, considerando que eram ditaduras terroristas abertas, exercidas pelos elementos mais reacionários do capital monopólico contra a classe operária e contra os setores revolucionários camponeses e intelectuais.

Ruy Mauro Marini (1978:21) adotou como premissa o contexto contrarrevolucionário vivenciado pelas sociedades sul-americanas nos anos 1970 e se propunha indagar como esse contexto afetara as estruturas e relações de dominação. Nesse sentido, considerando que o fascismo europeu também tivera papel importante em um ambiente contrarrevolucionário, Marini encontrava um ponto de comparação para analisar a situação latino-americana (Marini, 1978:22). No entanto, para contrapor-se em parte à tese do fascismo latino-americano, recorreu aos próprios estudos dos marxistas europeus sobre o fenômeno para explicar a necessidade de *"verificar en qué consiste la especificidad que assume la contrarrevolución latinoamericana"* (1978:22). Segundo ele, apesar de objetivos semelhantes no que se referia à definição do inimigo como agente externo e em propor o seu aniquilamento completo, a contrainsurgência na América Latina, ao contrário do fascismo europeu, não colocava em xeque a validade da democracia burguesa, mas recomendava apenas a sua suspensão para proceder à limpeza dos supostos "inimigos infiltrados" (Marini, 1978:23). Sugeria ainda que, ao contrário do fascismo europeu, as forças contrarrevolucionárias latino-americanas não foram capazes de atrair para seu campo setores significativos do movimento popular (1978:24), por isso constituíram o que ele denomina um Estado corporativo, que reunia os interesses das Forças Armadas, de um lado, e da burguesia monopólica, de outro (1978:25). Rechaçava, assim, a possibilidade de identificar mecanicamente a contrarrevolução na América do Sul e o fascismo europeu (Marini, 1978:25).

Quanto à prometida abertura política, Marini atribuía o fenômeno à modificação da estratégia mundial norte-americana (solapada por derrotas dos movimentos insurgentes e pelo equilíbrio de poder com a URSS), mas também aludia às contradições interburguesas (inclusive no interior do grande capital monopólico) e à recuperação do movimento de massas latino-americano, com presença cada vez mais indiscutível do proletariado urbano. Nesse sentido, advertia que as limitações e restrições ao jogo político democrático se ajustavam ao *"embate de las presiones de masas y los esfuerzos de la clase dominante por mantenerlo bajo control"* (Marini, 1978:28).

Theotônio dos Santos (1978:30) defendeu a necessidade de uma análise efetiva da especificidade do fascismo latino-americano. Sem discordar de Agustín Cueva na definição geral do fenômeno, e mesmo na utilização do conceito para designar os regimes de força latino-americanos dos anos 1970, procurava as diferenças entre o "fascismo de Mussolini e Hitler" e o "fascismo latino-americano". Entre os fatores que destacou a diferenciar ambos os contextos encontrava-se a pequena capacidade dos "regimes fascistas em condições de dependência de mobilizar a pequena burguesia e outros setores" (1978:31), devido às incontornáveis inversões internacionais.

A resistência dos autores marxistas ligados à teoria da dependência em atribuir aos regimes ditatoriais latino-americanos a nomeação de fascismo dizia respeito também ao debate da dinâmica interno/externo, que era frequente entre aquela geração de autores, influenciados pelas leituras de Maurice Dobb e Paul Swezzy (1977). A polêmica também fixava as bases do que cada grupo de autores entendia como utilização criativa do marxismo, divididos entre os que consideravam a necessidade de elaborar conceitos específicos para a realidade latino-americana e aqueles que insistiam na utilização de conceitos universais para compreensão do modo de produção capitalista como um todo.

CONSIDERAÇÕES FINAIS

Quando estava finalizando este trabalho, em dezembro de 2015, e me encontrava escrevendo sobre a produção intelectual do grupo após o retorno do exílio, recebi a notícia do falecimento de Vânia Bambirra. Foi somente então que comecei a me preocupar com o quão povoada estava esta história que me pus a investigar desde 2010. Reli todo o texto para examinar se fazia justiça à garra extraordinária que percebi na Vânia nas poucas vezes em que estive com ela desde o início deste livro. Coincidência ou não, eu estava a ler o livro *El impostor* do escritor espanhol Javier Cercas (2014). Nele, encontrei a seguinte frase, que prontamente me impactou: *"Todos sabemos que siempre hay hombres capaces de decir No. Son poquísimos, y además los olvidamos o los ocultamos en seguida para que su No estriptoso no delate el silencioso Sí de los demás; pero todos sabemos que los hay"* (Cercas, 2014:384). Ato contínuo, lembrei-me da recusa de Vânia Bambirra em aceitar uma das últimas homenagens prestadas a ela pouco antes do seu falecimento. Tratava-se de uma condecoração, a Ordem de Rio Branco, concedida pelo Ministério das Relações Exteriores, emitida pelo Palácio do Itamaraty em 30 de abril de 2014. Segundo relatos daqueles que estavam mais próximos dela nos últimos anos,[113] Vânia rejeitou a homenagem pois o que realmente desejava do governo era respeito à sua obra e mudanças no

---

113. O relato é da historiadora Carla Santos Ferreira, responsável pela coordenação do arquivo de Vânia Bambirra no Hedhla.

país. Também gostava de comparar aquela condecoração rejeitada com a homenagem que recebera do Movimento dos Trabalhadores Sem Terra (MST) em janeiro de 2011, [114] da qual muito se orgulhava.

Vânia Bambirra, Theotônio dos Santos, Ruy Mauro Marini e André Gunder Frank passaram grande parte de sua trajetória pública dizendo mais nãos do que sins, mesmo que isso significasse menor visibilidade e protagonismo. Não concordavam com a tese da existência de resquícios feudais na economia brasileira e latino-americana e, portanto, rejeitavam a propalada aliança de classes com a burguesia nacional; recusavam as teses dualistas que defendiam a existência de polos modernos e arcaicos na mesma sociedade; descartavam o estagnacionismo que admitia uma fase subdesenvolvida na trajetória do capitalismo pleno; desconfiavam e criticavam a redemocratização brasileira. Foram críticos das teorias da modernização, da Cepal, do nacionalismo do Iseb, do reformismo do PCB e das teses funcionalistas da sociologia, do neoliberalismo e da globalização.

Por isso, como consequência mais imediata de todas essas objeções, seus interlocutores – inimigos ou não – os agruparam e passaram a conceber denominações para identificá-los. Radicais, neomarxistas, trotskistas ou corrente de esquerda da teoria da dependência foram algumas das alcunhas recebidas pelo grupo.

Outro efeito relacionado às sistemáticas críticas feitas pelos teóricos marxistas da dependência diz respeito às dificuldades de inserção profissional do grupo depois da anistia, quando retornaram ao Brasil. A sustentação de posturas revolucionárias e a reivindicação do socialismo no ambiente de redemocratização conservadora nos anos 1980, a adesão e militância de Theotônio e Bambirra no Par-

---

114. O MST prestou homenagem às mulheres lutadoras do povo Vânia Bambirra, Anita Prestes e Clara Charf na Escola Nacional Florestan Fernandes, em 25 de janeiro de 2011. Ver <http://antigo.mst.org.br/MST-presta-homenagem-a--Vania-Bambirra-Anita-Prestes-e-Clara-Charf-mulheres-lutadoras-do-povo>.

tido Democrático Trabalhista (PDT) e a simpatia de Marini pelo mesmo partido, mais precisamente, a adesão ao "brizolismo" em um ambiente político dominado pela "nova esquerda" do PT e pela social-democracia do PSDB, provocaram a marginalização do grupo. O envolvimento político dos três foi relativamente incomum para intelectuais e cientistas sociais que compunham o ambiente acadêmico depois da anistia. No capítulo 3, mencionei Ridenti (2003:206) acerca das características prevalentes dos intelectuais dos anos 1980/1990: "profissional competente e competitivo no mercado das ideias, centrado na carreira e no próprio bem-estar individual". Nenhum desses predicados adaptava-se ao perfil do grupo marxista da teoria da dependência. Eles não aceitaram a higienização da academia e continuaram com postura de intelectuais orgânicos, defenderam o socialismo e acreditaram na necessidade de discutir a *Revolução Brasileira*.

Somado a tudo isso, havia a lacuna – com exceção de Bambirra, que terminou o doutorado – da formação acadêmica exigida pela universidade brasileira nos anos 1980/1990. Ainda que muitos intelectuais tenham sido aceitos na universidade, nessa mesma época, sem doutorado, o título era muito valorizado e constituía um diferencial. No entanto, mesmo com o doutorado completo, Vânia foi reprovada no concurso da UFF. Esta reprovação e os percalços de Ruy Mauro Marini e de Theotônio em reintegrarem-se à universidade foram igualmente resultado da dificuldade que encontraram em reconectar-se aos processos acadêmicos, à atualização e à renovação teórica e metodológica experimentadas pelas ciências sociais brasileiras a partir dos anos 1980. O questionamento ao paradigma da modernidade atingiu nossos autores, que se mantiveram alinhados às noções de totalidade histórica, ao valor das metanarrativas e à crença no progresso. Nossos autores disseram *não* em bloco à relativização da razão, ao efêmero, ao acaso e à fragmentação do conhecimento, paradigmas que fizeram sucesso nos anos 1990 na academia brasileira. Assim, o descenso do materialismo histórico, da possibilidade de projeção sobre o porvir e a adesão ao pós-estruturalismo atiraram o grupo marxista da teoria da dependência para um lugar do passado desatualizado. Eles também não aceitavam os novos padrões de comportamento institucional da vida universitária, como se pode perceber pelas críticas e opiniões emitidas em seus memoriais acadêmicos escritos nos anos 1990.

Presume-se, portanto, que a soma de todos esses fatores e sua postura crítica e reativa a toda e qualquer concessão tenham dificultado a reinserção profissional, além de outras implicações nos círculos intelectual e político. Uma implicação de longo prazo foi relacionada ao ostracismo das ideias de André Gunder Frank, Ruy Mauro Marini, Vânia Bambirra e Theotônio dos Santos no Brasil. Apesar de terem sido publicados em vários países, em diversas línguas, com edições sucessivas, o mercado editorial brasileiro não abriu espaço proporcional ao sucesso obtido por eles no exterior. Supõe-se, por isso, que não foram considerados intérpretes do Brasil, mas também sabemos disso porque eles não aparecem na maior parte dos estudos dedicados a cartografar autores assim avaliados.

A primeira nota de rodapé deste livro retoma a definição de José Carlos Reis (2000:15) para os intérpretes do Brasil, em que afirma que as crises, rupturas, mudanças bruscas fazem com que as interpretações conhecidas envelheçam, sendo então substituídas por outras, ou recriadas. Porém, isso não parece ter acontecido com nossos autores. Suas ideias não envelheceram ou foram substituídas e recriadas; elas jamais foram sequer consideradas interpretações válidas para a realidade brasileira. Eles foram marginalizados pelo *mainstream* das ciências sociais. Lidos na África, Índia e toda a América Latina, Ruy Mauro Marini, Theotônio, Vânia e Gunder Frank tiveram muita influência no pensamento periférico, mas seus oponentes, sobretudo no Brasil, procuraram, de um lado, desqualificar suas interpretações e, de outro, apossar-se do conceito de dependência, deturpando o sentido dado por eles ao termo.

Assim, o desejo de protagonismo que distingue os intelectuais que pretendem influir na vida das sociedades onde vivem foi suprido pelo sucesso de suas ideias e conceitos no exterior, especialmente em alguns países da América Latina, África e Ásia, mas não o foi no Brasil, onde o grupo teve o "brilho esmaecido" em função de sua sistemática rejeição às aquiescências em uma época predominantemente conciliadora.

Além de terem disputado a paternidade do conceito de dependência, polemizaram com muita energia o significado e o conteúdo dos conceitos, contrariando e se opondo às demais correntes de interpretação presentes no cenário intelectual brasileiro e latino-americano nos anos 1970. A fase da ditadura deixou em suspenso essa polêmica, fazendo crer que o tema da dependência era ultrapassado e que o do desenvolvimento estava sendo superado. Durante o exílio, os intelectuais aqui estudados tiveram uma boa acolhida nos ambientes acadêmicos do Chile e do México. Sua visão sobre o Brasil foi então contaminada pela influência dos estudos latino-americanos, na época mais avançados nos países de destino. Vislumbraram a possibilidade de entender não apenas o Brasil, em particular, e a América Latina como um todo, mas de criar uma teoria que pudesse explicar a periferia. Por isso, os temas relacionados à dependência ganharam impulso e foram predominantes na sua produção intelectual. Mantiveram, igualmente, a faceta militante, por meio da resistência à ditadura no Cone Sul e da participação em movimentos políticos populares e democráticos nos países do exílio. Os temas da dependência, da periferia e do subdesenvolvimento estrutural eram assim adequados à posição política que defendiam. Após a redemocratização, esses assuntos voltaram com muita força, opondo dois lados da esquerda brasileira em relação aos projetos de futuro. À noção de inevitabilidade da globalização, do neoliberalismo e das correlatas privatizações e flexibilização das relações de trabalho, o grupo marxista da teoria da dependência procurou contrapor as teses a respeito da superexploração do trabalho, do subimperialismo brasileiro e do desenvolvimento do subdesenvolvimento, consideradas francamente radicais no período inicial do processo de redemocratização.

Mesmo assim, é preciso admitir que o exame da produção intelectual, resultante de pesquisas desenvolvidas predominantemente no Chile e no México, expôs as fragilidades de pesquisas e de narrativas realizadas ao longo da segunda metade do século XX, quando a literatura a respeito das sociedades latino-americanas recém-ganhava status científico. Uma literatura também evidentemente contaminada pela polêmica entre, de um lado, nacionalistas e liberais e, de outro lado, socialistas e comunistas, o que levou os autores envolvidos nas contendas a gastar mais tempo dando combate aos oponentes do que desenvolvendo suas pesquisas. Além disso, eram pesquisas realizadas ainda sem uma boa consolidação de instrumentos estatísticos e seriais. Todos esses problemas, que resultaram em alguns equívocos e na necessária readequação de algumas teses, não invalidam o esforço em construir um arcabouço teórico que explicasse a dependência, o subdesenvolvimento e examinasse as possibilidades e alternativas aos povos da periferia.

Pensar na teoria da dependência no início do século XXI implicou ingressar em um lugar arriscado, do errado e do certo, que exigiu a apreciação de todos os aspectos que compunham o ambiente intelectual da América Latina de meados do século XX até os dias de hoje, com ênfase no estudo das teorias que visaram explicar o subcontinente e suas relações com o resto do mundo. Adentrar esse espaço significou buscar compreender a recorrente polêmica entre os que defendem o controle da economia capitalista pelo Estado, uma versão que se aproxima do keynesianismo, e os que sustentam a natureza autorreguladora do mercado, muito próximo do que atualmente chamamos de neoliberalismo. Mas também nos remeteu à possibilidade, aventada pelos teóricos marxistas da dependência, de não concordar com nenhuma dessas políticas econômicas e considerá-las faces da mesma sociedade capitalista desigual que, ao procurar um equilíbrio, gera ainda mais contradições.

Significou, igualmente, admitir que os autores marxistas da teoria da dependência foram defensores da democracia, mesmo tendo como horizonte de expectativas o socialismo, sendo forçoso reconhecer, também, que a redemocratização dos países do Cone Sul foi extremamente conservadora, não sendo acompanhada de projetos de inclusão social ou mesmo de horizontalização das decisões políticas, o que escancara os limites da democracia na América Latina em cada um de nossos países, o que é evidenciado pela sistemática corrosão dos procedimentos formais do processo democrático. Isso nos lembra do esforço realizado pelos teóricos marxistas da dependência em alertar para a incapacidade da classe dominante periférica de acolher o povo no estreito círculo da política periférica. Recorda-nos, igualmente, o aviso a respeito da falácia de possíveis alianças entre o povo e a burguesia nacional contra o imperialismo e sobre o sentido da conciliação política proposta no período da redemocratização como uma evidente forma de controlar os movimentos políticos populares e radicais. Nesse sentido, a "corrente radical da teoria da dependência" ainda representa uma ameaça ao pensamento dominante a respeito do desenvolvimento capitalista no Brasil.

A trajetória intelectual de Vânia Bambirra, Ruy Mauro Marini, Theotônio dos Santos e André Gunder Frank revelou a disposição de jovens universitários em militar em organizações de esquerda, a força de professores universitários e pesquisadores em disputar o significado de conceitos polissêmicos e sua garra ao contrariar e se opor às correntes dominantes no cenário intelectual brasileiro e latino-americano da época. A disposição para a militância, a convicção da teoria e a aversão aos padrões intelectuais dominantes foram fatores definidores de uma união que durou uma vida inteira, sendo esta aliança reconhecida por eles próprios e pelos seus oponentes. Por suas características como grupo, foram hostilizados profissionalmente, sofreram uma espécie de ostracismo intelectual e tiveram o brilho de sua contribuição ofuscado. Mesmo assim, mantiveram-se atuantes e dispostos a dizer *não* quando quase todos diziam *sim*.

BIBLIOGRAFIA CITADA

AGUIRRE ROJAS, Carlos Antonio. *América Latina. História y presente*. Morelia: Red Utopia & Jitanjáfora Morelia Editorial, 2001.

ALBUQUERQUE JR., Durval Muniz de. *Um convite à reflexão: dois projetos radicalmente diferentes*. Texto que circulou entre os membros da Associação Nacional de Historiadores (Anpuh), 2010. 12 páginas.

ALVES, Maria Helena Moreira. *Estado e oposição no Brasil (1964-1984)*. Petrópolis: Vozes, 1984.

ANDERSON, Perry. *A crise da crise do marxismo. Introdução a um debate contemporâneo*. São Paulo: Brasiliense, 1984.

ARNS, d. Paulo Evaristo. *Um relato para a história: Brasil nunca mais*. Petrópolis: Vozes, 1985.

ARTIÈRES, Philippe. Arquivar a própria vida. *Revista Estudos Históricos*, Rio de Janeiro, v. 11, n. 21, p. 10-34, 1998.

ASSADOURIAN, Carlos S. et al. Modos de producción, capitalismo y subdesarrollo en América Latina. In: *Modos de producción en América Latina*. México: Siglo XXI, 1971. p. 47-82.

BIELSCHOWSKY, Ricardo. *Pensamento econômico brasileiro. O ciclo ideológico do desenvolvimentismo*. 5. ed. Rio de Janeiro: Contraponto, 2000.

CALLIGARIS, Contardo. Verdades de autobiografias e diários íntimos. *Revista Estudos Históricos*, Rio de Janeiro, v. 11, n. 21, p. 43-58, 1998.

CAMARGO, Aspásia; LOYOLA, Maria Andréa. *Celso Furtado. Coleção Pensamento Contemporâneo*, v. 3. Rio de Janeiro: Uerj, 2002.

CARDOSO, Fernando Henrique; SERRA, José. As desventuras da dialética da dependência. *Estudos Cebrap*, São Paulo, n. 23, p. 34-81, 1978.

____; FALETTO, Enzo. *Dependência e desenvolvimento na América Latina. Ensaio de interpretação sociológica.* 6. ed. Rio de Janeiro: Zahar, 1981.

CARIELLO, Rafael. O abrigo da intelligentsia. *Folha de S. Paulo,* São Paulo, 6 de junho de 2009. Disponível em: <http://www1.folha.uol.com.br/fsp/ilustrad/fq0606200907.htm>. Acesso em: jun. 2015.

CERCAS, Javier. *El impostor.* Barcelona: Literatura Random House, 2014.

CHILCOTE, Ronald H. *Latin American Perspectives,* Riverside, Califórnia, v. VII, n. 3 e 4, p. 3-16, verão e outono 1981.

COSTA, Izabel Cristina Gomes. O caleidoscópio político do novo trabalhismo: os socialistas do Centro de Mobilização Trabalhista. *Revista Contemporânea,* n. 1, p. 236-251, inverno de 2011.

COUTINHO, Carlos Nelson. Os intelectuais e a organização da cultura no Brasil. *Temas de ciências humanas,* v. 10. São Paulo: Ciências Humanas, 1981.

CUEVA, Agustín. *Teoria social y procesos políticos en América Latina.* México: Edicol, 1979.

D'AVILA FILHO, Paulo M. Leituras de Marx. In: FERREIRA, Lier Pires; GUANABARA, Ricardo; JORGE, Vladimyr Lombardo (Org.). *Curso de Ciência Política.* 1. ed.: Campus Jurídico, 2009, v. 1.

DEBRAY, Régis. La revolución en la revolución. *Cuadernos de la Casa de las Américas,* Havana, n. I, p. 1-119, ene. 1967.

DELGADO, Lucilia de Almeida Neves. O governo João Goulart e o golpe de 1964: da construção do conhecimento às interpretações acadêmicas. *Revista Grafia,* Bogotá, v. 9, p. 175-191, ene.-dec. 2012.

DIAS, Rodrigo. Imprensa revolucionária dos anos oitenta: os intelectuais e suas formulações sobre a Revolução Brasileira. Tese (doutorado em história) — Curso de Pós-Graduação em História, Universidade Federal do Rio Grande do Sul, Porto Alegre, 2011.

DIEHL, Astor Antônio. *A cultura historiográfica nos anos 80. Mudança estrutural na matriz historiográfica brasileira.* Porto Alegre: Evangraf, 1993.

DOBB, Maurice et al. *A transição do feudalismo para o capitalismo.* 4. ed. Rio de Janeiro: Paz e Terra, 1977.

ELEY, Geoff. *Forjando a democracia: a história da esquerda na Europa, 1850-2000*. São Paulo: Fundação Perseu Abramo, 2005.

ESPÍRITO SANTO JR., Lúcio E. *Cultura e política 1980-90*. Rio de Janeiro, 2004. Disponível em: <www.midiaindependente.org>. Acesso em: 20 de junho de 2016.

ESTAY REINO, Jaime E. El neodesarrollismo. In: MARINI, Ruy Mauro; MILLÁN, Márgara. *La teoria social latinoamericana. La centralidad del marxismo*. México: Ediciones El Caballito, tomo III, p. 227-253, 1995.

FERNANDEZ, Jorge Christian. Anclaos en Brasil: a presença argentina no Rio Grande do Sul desde a década de 1960 até a década de 1990. Tese (doutorado em história) – Curso de Pós-Graduação em História, Universidade Federal do Rio Grande do Sul, Porto Alegre, 2011.

FERREIRA, Jorge. O governo Goulart e o golpe militar de 1964. In: FERREIRA, Jorge; DELGADO, Lucilia de Almeida. *O Brasil republicano. O tempo da experiência democrática*. Rio de Janeiro: Civilização Brasileira, 2003.

_____. Entre a história e a memória. João Goulart. In: Ferreira, Jorge; REIS, Daniel Aarão. *As esquerdas no Brasil. Nacionalismo e reformismo radical 1945-1964*. Rio de Janeiro: Civilização Brasileira, 2007, p. 511-541.

FICO, Carlos. *Além do golpe. Versões e controvérsias sobre 1964 e a ditadura militar*. Rio de Janeiro: Record, 2004.

FIGUEIREDO, Argelina Cheibub. *Democracia ou reformas? Alternativas democráticas à crise política de 1961-1964*. Rio de Janeiro: Paz e Terra, 1993.

FONTANA, Josep. *A história dos homens*. Bauru: Edusc, 2004.

FURTADO, Celso. *A economia latino-americana*. São Paulo: Companhia Editora Nacional, 1976.

GARCIA, Pio. La cuestión del fascismo en América Latina. *Revista Cuadernos Políticos*, México, n. 49/50, p. 13-15, oct.-dec. 1978.

GASPARI, Elio. *A ditadura envergonhada*. São Paulo: Companhia das Letras, 2002.

GETTHI-MARX. Datas redondas em tempos quadrados. *Revista Marxismo e História*, Campinas, n. zero, p. 1-19, set. 2007.

GILLS, Barry K. André Gunder Frank: prolific economist with a radical analysis of poverty and wealth. *The Guardian*, Londres, 4 may 2005. Disponível em: <http://www.guardian.co.uk/news/2005/may/04/guardianobituaries.obituaries1>. Acesso em: 17 ago. 2009.

GOMES, Ângela de Castro. *Escrita de si, escrita da história*. Rio de Janeiro: FGV, 2004.

HOLLANDA, Heloísa B.; GONÇALVES, Marcos. *Cultura e participação nos anos 60*. São Paulo: Brasiliense, 1982.

JACOBY, Russel. *Os últimos intelectuais*. São Paulo: Edusp, Trajetória Cultural, 1990.

JAGUARIBE, Hélio. *O nacionalismo na atualidade brasileira*. Rio de Janeiro: Iseb, 1958.

KAMEYAMA, Ceici. Introdução. In: MIRANDA, Orlando; FALCÓN, Pery (Org.) *Polop. Uma trajetória de luta pela organização independente da classe operária no Brasil*. 2. ed. Salvador: Centro de Estudos Victor Meyer, 2010. p. 11-15.

LACLAU, Ernesto. *Política e ideologia na teoria marxista. Capitalismo, fascismo e populismo*. Rio de Janeiro: Paz e Terra, 1978.

LENIN, Vladimir I. *O imperialismo: fase superior do capitalismo*. São Paulo: Global Editora, 1979.

MANTEGA, Guido. Marxismo na economía brasileira. In: Moraes, João Quartim de. *História do marxismo no Brasil: volume II. Os influxos teóricos*. Campinas, Editora da Unicamp, 1995. p. 101-124.

_____. *Relatório de Pesquisa n. 27*. São Paulo: Escola de Administração de Empresas de São Paulo — FGV/NPP- Núcleo de Pesquisas e Publicações, p. 1-84, 1997.

MARTÍNEZ BARACS, Rodrigo. El debate sobre los modos de producción y la contribuición de Carlos Sempat Assadourian. In: MARINI, Ruy Mauro; MILLÁN, Márgara. *La teoria social latinoamericana. Subdesarrollo y dependência*. México: Ediciones El Caballito, 1994, tomo III, p. 187-226.

MARTINS, Carlos Eduardo. *Grandes economistas. Theotônio dos Santos*. Disponível em: <http://www.eumed.net/cursecon/economistas/martins-theotonio.htm>.Acesso em: 20 fev. 2011.

_____. Theotonio dos Santos: introducción a la vida y obra de un intelectual planetario. In: *Los retos de la globalización. Ensayo en homenaje a Theotonio dos Santos*. Caracas: Francisco López Segrera (org.). Unesco, 1998.

_____.; SOTELO VALENCIA, Adrián; SADER, Emir; SANTOS, Theotonio (Orgs.). *A América Latina e os desafios da globalização. Ensaios dedicados a Ruy Mauro Marini*. Rio de Janeiro: PUC Editora & Boitempo, 389 p., 2009.

MARTINS, Luciano. A gênese de uma intelligentsia: os intelectuais e a política no Brasil, 1920-1940. *Revista Brasileira de Ciências Sociais*, São Paulo, v. 2, n. 4, 1987 p. 65-87.

MEDEIROS, Fernando. A teoria do dualismo revisitada nos países de industrialização sem modernização. *Análise Social*, Lisboa, vol. XXIX, 125-126, 1994.

MENDES, Cândido. *Perspectiva atual da América Latina*. Rio de Janeiro: Iseb, 1960.

MENDONÇA, Ana Waleska P. C. A universidade no Brasil. *Revista Brasileira de Educação*, Rio de Janeiro, n. 14, maio/jun./jul./ago. 2000. Disponível em: <http://www.anped.org.br/rbe/rbedigital/rbde14/rbde14_09_ana_waleska_p_c_mendonca.pdf>. Acesso em: janeiro de 2013.

MIRANDA, Nilmário; TIBÚRCIO, Carlos. *Dos filhos deste solo. Mortos e desaparecidos durante a ditadura militar: a responsabilidade do Estado*. São Paulo: Boitempo, 1999.

MIRANDA, Orlando; FALCÓN, Pery (Org.) *Polop. Uma trajetória de luta pela organização independente da classe operária no Brasil*. 2. ed. Salvador: Centro de Estudos Victor Meyer, 2010.

MORAES, João Quartim de. A evolução da consciência política dos marxistas brasileiros. In: Moraes, João Quartim de. *História do marxismo no Brasil: volume II. Os influxos teóricos*. Campinas: Editora da Unicamp, 1995. p. 45-100.

MUNCK, Ronaldo, Issue of theory in dependency and marxism. In: CHILCOTE, Ronald H. Issue of theory in dependency and marxism.

Latin American Perspectives, Riverside, Califórnia, v. VII, n. 3 e 4, p. 3-16, verão e outono 1981.

OLNEY, James (Ed.). *Autobiography: essays theoretical and critical*. Princeton: Princeton University Press, 1980.

OSÓRIO, Jaime. Fuentes y tendencias de la teoría de la dependencia. In: MARINI, Ruy Mauro; MILLÁN, Márgara. *La teoria social latinoamericana. Subdesarrollo y dependência*. México: Ediciones El Caballito, 1994, tomo II, p. 157-177.

OURIQUES, Nildo Domingos. Hacia una teoria marxista de la dependência. In: MARINI, Ruy Mauro; MILLÁN, Márgara. *La teoria social latinoamericana. Subdesarrollo y dependência*. México: Ediciones El Caballito, 1994, tomo II, p. 179-197.

_____. *La teoría marxista de la dependencia: una história crítica*. Tese (doutorado em economia) – Facultad de Economia de la Universidad Nacional Autonóma de México. México DF. 1995

PALMA, Gabriel. Dependency: a formal theory of underdevelopment or a methodology of the analysis of concrete situations of underdevelopment? *World Development*, Grã-Bretanha, v. 6, p. 881-924, 1978.

PATIÑO, Roxana. Culturas en transición: reforma ideológica, democratización y periodismo cultural en la Argentina de los ochenta. *Revista Interamericana de Bibliografía*, Washington, n. II, 1998. Disponível em: <http://www.educoas.org/portal/bdigital/contenido/rib/rib_1998-2/articulo12/index.aspx?culture=pt&navid=230>. Acesso em: 11 dez. 2012.

PRADO Jr. Caio. *A revolução brasileira*. São Paulo: Brasiliense, 1966.

_____. *História e desenvolvimento. A contribuição da historiografia para a teoria e prática do desenvolvimento brasileiro*. São Paulo: Brasiliense, 1999.

PREBISCH, Raul, *Hacía una dinâmica del desarrollo latinoamericano*. México: FCE, 1963.

PUREZA, André R. *O marxismo acadêmico: um campo para as reflexões sociológicas*, 2004. Disponível em: <http://www.webartigos.com/

articles/5658/1/o-marxismo-academico-um-campo-para-as-reflexoes-sociologicas/pagina1.html>. Acesso em: 11 jul. 2009.

RAMA, Ángel. *La riesgosa navegación del escritor exiliado*. Montevideo: Arca, 1998.

REGO, Rubem Murilo Leão. *Sentimento do Brasil: Caio Prado Júnior - continuidades e mudanças no desenvolvimento da sociedade brasileira*. Campinas: – Unicamp, 2000.

REIS, Daniel Aarão. A Vera. In: BASTOS, E. R..; RIDENTI, M.; ROLLAND, D. (Orgs.). *Intelectuais: sociedade e política*. São Paulo: Cortez, 2003.

____. Classe operária, partido de quadros e revolução socialista. O itinerário da Política Operária — Polop (1961-1986). In: FERREIRA, Jorge; REIS Daniel Aarão. *As esquerdas no Brasil. Revolução e democracia 1964*. Rio de Janeiro: Civilização Brasileira, 2007. p. 53-72.

REIS, José Carlos. *As identidades do Brasil: de Varnhagen a FHC*. 3. ed. Rio de Janeiro: Fundação Getúlio Vargas, 2000.

RIBEIRO, Darcy. *UnB - invenção e descaminho*. Rio de Janeiro: Editora Avenir, 1978.

RIBEIRO, Flavio Diniz. *Walt Whitman Rostow e a problemática do desenvolvimento. Ideologia, política e ciência na Guerra Fria*. 2008. Tese (doutorado em história) – Curso de Pós-Graduação em História, Universidade de São Paulo, São Paulo, 2008.

RIDENTI, Marcelo. *O fantasma da Revolução Brasileira*. São Paulo: Editora da Unesp, 1993.

____. Cultura e política brasileira: enterrar os anos 60? In: BASTOS, E. R.; RIDENTI, M.; ROLLAND, D. (Orgs.). *Intelectuais: sociedade e política*. São Paulo: Cortez, 2003. p. 1-19.

____. Esquerdas revolucionárias armadas nos anos 1960-1970 In: FERREIRA, J.; REIS, D. A. *As esquerdas no Brasil. Revolução e democracia. 1964*. Rio de Janeiro: Civilização Brasileira, 2007. p. 23-51.

RIEDEL, Dirce Côrtes. Saber e poder: a propósito da cátedra na universidade brasileira. *Forum Educacional*, Rio de Janeiro, v. 9, n. 1, p. 19-37 mar. 1985.

ROIO, Marcos Del. A teoria da Revolução Brasileira: tentativa de particularização de uma revolução burguesa em processo. In: MORAES, João Quartim de; ROIO, Marcos Del. *História do marxismo no Brasil: volume IV. Visões do Brasil*. Campinas: Editora da Unicamp, 2000. p. 69-125.

ROLLEMBERG, Denise. *Exílio. Entre raízes e radares*. Rio de Janeiro: Record, 1999.

_____. Memórias no exílio, memórias do exílio. In: FERREIRA, J.; REIS, D. A. *As esquerdas no Brasil. Revolução e democracia. 1964*. Rio de Janeiro: Civilização Brasileira, 2007, p.199-220.

SADER, Emir. Nós que amávamos tanto o capital - fragmentos para a história de uma geração. *Sociologias*, Porto Alegre, n. 14, p. 150-177, jul./dez. 2005.

SALES, Jean Rodrigues. PCdoB. In: FERREIRA, J.; REIS, D. A. *As esquerdas no Brasil. Nacionalismo e reformismo radical 1945-1964*. Rio de Janeiro: Civilização Brasileira, 2007, v. 3, p. 163-182.

SANTOS, Georgina dos et al. *História: o mundo por um fio: do século XX ao XXI*. v. 3. São Paulo: Editora Saraiva, 2010.

SCHWARZ, Roberto. Um seminário de Marx. *Folha de S. Paulo*. São Paulo, 8 outubro 1995. Caderno "Mais!".

SEGATTO, José Antônio; SANTOS, Raimundo. A valorização da política na trajetória pecebista. In: RIDENTI, M.; REIS, D. A. *História do marxismo no Brasil. Partidos e movimentos após os anos 1960*. Campinas: Unicamp, 2007. p. 13-62.

SENTO-SÉ, João Trajano (2007). Um encontro em Lisboa. O novo trabalhismo do PDT. In: FERREIRA, Jorge; REIS, Daniel Aarão. *As esquerdas no Brasil. Revolução e democracia - 1964*. Rio de Janeiro, Civilização Brasileira, 2007. p. 429-450.

SILVA, Vicente Gil. A Aliança para o Progresso no Brasil: de propaganda anticomunista a instrumento de intervenção política (1961-1964). 247 p., 2008. Dissertação (mestrado em Histótia) — Curso de Pós-Graduação em História, Universidade Federal do Rio Grande do Sul, Porto Alegre.

SODRÉ, Nelson Werneck. *História da burguesia brasileira*. 2. ed. Rio de Janeiro: Civilização Brasileira, 1967.

_____. *Introdução à revolução brasileira*. 4. ed. São Paulo: Livraria Editora Ciências Humanas Ltda., 1978.

SUNKEL, Osvaldo; PAZ, Pedro. *El subdesarrollo latino-americano y la teoria del desarrollo*. México: Siglo XXI, 1970.

TABORDA DE OLIVEIRA, Marcus Aurelio. *Rocha Pombo: la "invención" de una cultura americana en el libro didáctico*. Historia de la educación - anuario, vol. 13, n. 1, Buenos Aires, jan./jun. 2012. p. 1-24.

TOLEDO, Caio Navarro de. *Iseb: fábrica de ideologias*. São Paulo: Ática, 1977.

TRANSPADINI, Roberta: STEDILE, João Pedro (Orgs.). *Ruy Mauro Marini. Vida e obra*. São Paulo: Expressão Popular, 2005.

VIANNA, Luiz Werneck. *Liberalismo e sindicato no Brasil*. Rio de Janeiro: Paz e Terra, 1978.

WILLIAMS, Raymond. A Fração Bloomsbury. *Plural*, Sociologia, Universidade de São Paulo, São Paulo, v. 6, p. 139-168, 1º sem. 1999.

SITES DE INTERESSE PARA A PESQUISA

- Instituto Latino-americano de Pesquisas e Estudos Sociais:
http://www.eclac.org/ilpes/

- Centro Brasileiro de Análise e Planejamento:
http://www.cebrap.org.br/

- Centro de Estudos Internacionais (CEI) do Colégio de México (Colmex):
http://www.colmex.mx/centros/cei/Historia.html

- Conselho Latino-americano de Ciências Sociais:
http://bibliotecavirtual.clacso.org.ar/ar/libros/

- Partido Democrático Trabalhista (PDT):
http://www.pdt.org.br/index.php/pdt/lideres/verdades-e-mentiras-
-sobre-o-subdesenvolvimento/retorno-do-exilio

- Câmara dos Deputados do Brasil:
http://www2.camara.leg.br/legin/fed/atocom/1960-1969/atocomple-
mentar-4-20-novembro-1965-351199-publicacaooriginal-1-pe.html

- Palácio do Planalto (Presidência da República):
http://www.planalto.gov.br

- Relatório Brasil Nunca Mais
http://bnmdigital.mpf.mp.br/pt-br/

- Memorial-Arquivo Vânia Bambirra:
https://www.ufrgs.br/Vâniabambirra/

- Ruy Mauro Marini Escritos:
http://www.marini-escritos.unam.mx

- André Gunder Frank:
http://rrojasdatabank.info/agfrank/

- Theotônio dos Santos:
http://theotoniodossantos.blogspot.com.br

DOCUMENTOS UTILIZADOS NA PESQUISA

BAMBIRRA, Vânia. *La revolución cubana. Una reinterpretación*. Santiago de Chile: Editorial Prensa Latinoamericana, 1973.

____. *El capitalismo dependiente latinoamericano*. Cidade do México: Siglo XXI, 1974. A primeira edição é de 1972.

____. *Teoria de la dependência: una anticrítica*: Cidade do Mexico: Unam, 1977. Disponível em: <http://www.amauta.lahaine.org>.

____. *Os programas dos partidos políticos no Brasil: uma análise comparativa*. Porto Alegre: Corag, 1981.

____. *Memorial e curriculum vitae*. 1991, mimeografado, 115 p.

____. *A teoria marxista da transição e a prática socialista*. Brasília: Ed. Unb, 1993. 309 p.

____. *Entrevista 9/9/2013*. Disponível em: <http://marxismocritico.com/2013/09/09/Vânia-bambirra-intelectual-e-militante/>. Acesso em: 20 jul. 2014.

CARTA DE LISBOA. 1979. Disponível em: <http://www.pdt.org.br/index.php/memoria-pdt/documentos/carta-de-lisboa>.

CARTA DE MENDES. 1983. Disponível em: <http://www.pdt.org.br/index.php/memoria-pdt/documentos/carta-de-mendes-rj>. Acesso em: 20 jul. 2014.

GUNDER FRANK, André (1965). *Capitalismo y subdesarrollo en América Latina*. Disponível em: <http://www.eumed.net/cursecon/textos/>. Acesso em: 20 jul. 2014.

____. Latinoamérica: subdesarrollo capitalista o revolución socialista. *Pensamiento Crítico*, Habana, n. 13, febrero 1968.

_____. *Acumulação dependente e subdesenvolvimento. Repensando a teoria da dependência*. São Paulo: Editora Brasiliense, 1980.

_____. *Reflexões sobre a crise econômica mundial*. Rio de Janeiro: Zahar, 1983.

_____. Nothing new in the East: no new world order. *Social Justice*, Chicago, v. 19, n. 1, p. 34-59, 1992.

_____. *Autobiographical Essays (1991-1995)*. Londres, 1995. Disponível em: <http://rrojasdatabank.info/agfrank/online.html#auto>. Acesso em: 30 jun. 2009.

MARINI, Ruy Mauro. *Subdesarrollo y revolución*. México: Siglo XXI, 1969.

_____. Reforma agrária na América Latina. Comentário a la intervención de Michael Gutelman. In: BASSO, Lélio et al. *Transición al socialismo y experiência chilena*. Santiago do Chile: Ceso/Ceren, 1972.

_____. *Dialética da dependência*. México: Ediciones Era, 1973, 11ª reimpressão 1991. Disponível em: <http://bibliotecavirtual.clacso.org.ar/ar/libros/secret/critico/marini/04dialectica2.pdf>. Acesso em: 20 jul. 2014.

_____. Sobre a dialética da dependência. *Revista Latinoamericana de Ciencias Sociales*. Santiago do Chile, n. 5, p. 51-62, 1973. Texto completo publicado em: TRANSPADINI, R.; STEDILE, J.P. (2005).

_____. Reforma y revolución. Una critica a Lelio Basso. In Basso, Lélio et al. *Acerca de la transición al socialismo*. Buenos Aires: Periferia, 1974, p. 77-91.

_____. La cuestión del fascismo en América Latina. *Cuadernos Políticos*. México: Editora Era, p. 21-29, out.-dez. 1978.

_____. La lucha por la democracia en América Latina. *Cuadernos Políticos*, n. 44, México, Ediciones Era, jul.-dez.1985a, p. 3-11.

_____. Possibilidades e limites da Assembleia Constituinte. In: SADER, Emir et al. *Constituinte e democracia no Brasil hoje*. São Paulo: Brasiliense, 1985b, p. 17-43.

_____. *Memória*. Cidade do México, 1990. Disponível em: <http://www.marini-escritos.unam.mx/001_memoria_port.htm>.Acesso em 30 jun. 2009.

____. *Brasil: da ditadura à democracia, 1964-1990*. Cidade do México, 1991. Disponível em: <http://www.marini-escritos.unam.mx/001_memoria_port.htm>. Acesso em: 30 jun. 2009.

____. *El experimento neoliberal en Brasil*. Cidade do México, 1992. Disponível em: <http://www.marini-escritos.unam.mx/001_memoria_port.htm>. Acesso em: 30 jun. 2009.

____. Introducción: la década de 1970 revisitada. In: MARINI, Ruy Mauro; MILLÁN, Margara. *La teoria social latino-americana: la centralidad del marxismo*, tomo III. Cidade do México: Ed. Caballito, 1995, p. 17-44.

____. *Documentário: Ruy Mauro Marini e a dialética da dependência*. Rio de Janeiro, 2014. Disponível em: <https://www.youtube.com/watch?t=566&v=ww4_H0Y-UYA>.

SANTOS, Theotônio dos. *Quais são os inimigos do povo?* Rio de Janeiro: Civilização Brasileira, 1962.

____. A crise da teoria do desenvolvimento e as relações de dependência na América Latina. In: JAGUARIBE, Hélio et al. *A dependência político-econômica da América Latina*. São Paulo: Loyola, 1970.

____. *La Dependencia Económica y Política en América Latina*. Cidade do México: Ed. Siglo XXI, 1971.

____. Problemas de la transición al socialismo y la experiência chilena. In: BASSO, Lélio et al. *Transición al socialismo y experiencia chilena*. Santiago de Chile: Ceso/Ceren, 1972. p. 51-62

____.*¡Bendita crisis! Socialismo y democracia en el Chile de Allende*. Venezuela: Fundación Editorial el perro y la rana, 2009 (1973).

____. La cuestión del fascismo en América Latina. *Cuadernos Políticos*. México: Editora Era, p. 29-33, oct.-dec. 1978.

____. Constituinte: uma agenda para o debate. In: Sader, Emir et al. *Constituinte e democracia no Brasil hoje*. São Paulo: Brasiliense, 1985, p. 157-176.

____. *Democracia e socialismo no capitalismo dependente*. Petrópolis: Vozes, 1991.

____. El auge de la economía mundial 1983/1989. Los trucos del neoliberalismo. *Nueva Sociedad*, Buenos Aires, n. 117, p. 20-28, en.- feb.1992.

_____. Memorial, digitado, 138 p., 1994.

_____. O neoliberalismo como doutrina econômica. *Revista Econômica*, Niterói, v. 1, n. 1, p. 119-151, 1999.

_____. André Gunder Frank (1929 — 2005) 2005. Disponível em:<http://www.achegas.net/numero/vinteetres/teotonio_anexo_23.htm>. Acesso em: 30 jun. 2009.

_____. *Imperialismo y dependencia*. Caracas: Biblioteca Ayacucho de Clásicos Políticos da América Latina, Banco Central de Venezuela, 2012. A primeira edição é de 1978.

AGRADECIMENTOS

Sou grata a muitas pessoas por ter concluído este projeto. Curiosamente, devo agradecer aos que me estimularam nesta trajetória de pesquisa e também aos que consideraram ridícula a ideia de ressuscitar a teoria da dependência e, sobretudo, recuperar o percurso dos autores aqui estudados.

Agradeço ao estímulo do meu marido, Gilberto Kaplan, que é historiador como eu e também estudou no início dos anos 1980, quando uma parte da historiografia brasileira ainda reconhecia a contribuição desses autores, numa época em que Vânia Bambirra, Ruy Mauro Marini, Theotônio dos Santos e André Gunder Frank eram bibliografia das disciplinas de história do Brasil e história da América.

Aos colegas Américo Oscar Guichard Freire, Ângela Maria de Castro Gomes, Maria Helena Capelato, Francisco Carlos Palomanes Martinho, Cláudia Maria Ribeiro Viscardi, Jorge Ferreira e Lidiane Soares Rodrigues e aos colegas argentinos Claudio Maíz e Carlos Altamirano e aos chilenos Eduardo Devés Valdes e Javier Piñero, que me ouviram falar sobre a pesquisa em congressos e seminários. Suas observações, críticas e contribuições foram especialmente estimulantes para dar continuidade ao trabalho e corrigir algum rumo.

Agradeço a alguns alunos que orientei nos últimos anos e cujos trabalhos dialogavam com temas caros à minha pesquisa, como exílio, ditaduras, redemocratização, intelectuais, trajetória de grupos, esquerdas no Brasil e na América Latina. Entre eles estão Ricardo Oliveira da Silva, Alessander Mário Kerber, Marcos Machry, Caroline Silveira Bauer, Alexandre Blank

Batista, Jorge Christian Fernandez, Davi Arenhart Ruschel, Mathias Seibel Luce, Daniela Conte, Cristiano Pinheiro de Paula Couto, Cassio Felipe de Oliveira Pires, Natália Pietra Mendéz e Rodrigo Dias.

Finalmente, agradeço sem nomear aos colegas que, ao se inteirarem do tema desta pesquisa, o ironizaram, em função do preconceito que têm em relação às posições políticas das personagens deste estudo ou por rejeitarem a contribuição desses intelectuais ao diagnóstico dos problemas latino-americanos e por refutarem suas teses e seus projetos para o Brasil e para a América Latina. Agradeço muito, especialmente ao colega que chegou a me perguntar: "por que Theotônio dos Santos era tão festejado em Cuba e na Venezuela e não estava entre os intelectuais considerados influentes ou importantes pela academia no Brasil"? Sua pergunta e a ironia dos demais sobre a desimportância dessas personagens me ajudaram a procurar responder justamente isso: por que não eram considerados intérpretes do Brasil autores cujas obras haviam sido publicadas em dezenas de línguas nos cinco continentes?

Ao Programa de Pós-Graduação em História, especialmente aos colegas Benito Schmidt e Igor Teixeira, que compreenderam a importância da publicação das nossas pesquisas e deram o estímulo certo à atividade.

À Fundação Getulio Vargas, na pessoa da colega Marieta de Moraes Ferreira, que está publicando esses resultados no formato de livro.